Ethik des Bauens / The Ethics of Building

Für Mary

For Mary

Mario Botta

Ethik des Bauens

The Ethics of Building

Birkhäuser Verlag
Basel · Boston · Berlin

Translation from Italian into German: Andreas Simon, Berlin
Translation from Italian into English: Stephen Thorne, Venegono Inferiore

A CIP catalogue record for this book is available from the Library of Congress, Washington D.C., USA

Deutsche Bibliothek Cataloging-in-Publication Data

Botta, Mario: Ethik des Bauens = The ethics of building / Mario Botta. [Transl. from Ital. into German: Andreas Simon ...]. - Basel ; Boston ; Berlin : Birkhäuser, 1997
ISBN 3-7643-5742-8 (Basel ...)
ISBN 0-8176-5742-8 (Boston)

Title of the original Italian edition: Etica del costruire
© 1996 Gius. Laterza & Figli Spa, Roma-Bari
These translations are published by arrangement with Eulama Literary Agency.

This work is subject to copyright. All rights are reserved, whether the whole or part of the material is concerned, specifically the rights of translation, reprinting, re-use of illustrations, recitation, broadcasting, reproduction on microfilms or in other ways, and storage in data banks. For any kind of use, permission of the copyright owner must be obtained.

© 1997 for the German/English edition:
Birkhäuser – Verlag für Architektur, P.O. Box 133, CH-4010 Basel, Switzerland
Printed on acid-free paper produced from chlorine-free pulp. TCF ∞
Cover design: Bruckmann + Partner, Basel
Printed in Germany
ISBN 3-7643-5742-8
ISBN 0-8176-5742-8

9 8 7 6 5 4 3 2 1

Inhaltsverzeichnis

7   Auf dem Weg zu einer Architektur der Jahrtausendwende
von Benedetto Gravagnuolo

23   Gebaute Gedanken

101   Die Stadt in den Grenzen des Entwurfs

127   Das Objekt und seine plausible Form

153   Mario Botta im Dialog

183   Autobiographische Notiz

Contents

7   Towards an Architecture of the New Millennium
by Benedetto Gravagnuolo

23   Thoughts on Building

101   The City and the Limitations of Architecture

127   A Plausible Form for Objects

153   A Concluding Dialogue

183   Autobiographical Note

Auf dem Weg zu einer Architektur der Jahrtausendwende
von Benedetto Gravagnuolo

Towards an Architecture of the New Millennium
by Benedetto Gravagnuolo

Es ist nur noch eine kurze Zeitspanne bis zum Jahr 2000. Den Futurologen der ersten Dekaden unseres Jahrhunderts schwebten mit Blick auf dieses Datum utopisch ausgeschmückte Szenarien vor, als müsse der Anbruch des neuen Millenniums unweigerlich radikale Veränderungen für unser Leben mit sich bringen. Für uns dagegen ist der Mythos der Zukunft entzaubert und blutleer geworden; das Ereignis hat nur noch die ursprüngliche Bedeutung einer kalendarischen Konvention, ohne, um es mit Italo Calvino zu sagen, «besondere Gefühle» zu wecken (*Sechs Vorschläge für das nächste Jahrtausend*).

Es ist wahr, daß sich die technologische Entwicklung in den letzten Jahren beispiellos beschleunigt hat, und niemand kann die epochale Bedeutung der sogenannten «telematischen Revolution» leugnen. Alles andere als unbedeutend sind auch die Veränderungen im Bausektor auf dem Gebiet der Techniken, Werkstoffe und des Bauprozesses selbst. Dennoch wandelt sich die Beziehung zwischen dem Menschen und seiner baulichen Umgebung viel langsamer als der sogenannte wissenschaftliche Fortschritt, beruht sie doch auf einer dauerhafteren inneren Zeit, die sich nach den uralten Archetypen unserer Psyche richtet. Allein deshalb schon verändern sich

The year 2000 is almost upon us. In the early years of this century, futurologists predicted science fiction scenarios a hundred years hence, as if the advent of the new millennium would inevitably bring about radical changes in the way people live. But to our disenchanted eyes, the myth of the future has withered and died; the turn of the century is now seen merely as a calendar event which, as Italo Calvino has said, arouses "no particular feelings either way" *(Six Memos for the Next Millennium)*.

To be sure, technology has developed at an unprecedented rate in recent years, and no one would deny the epoch-making impact of the communications revolution. There have also been far-reaching changes in construction materials and techniques, the building industry and the production cycle that supports it. And yet, changes in the relationship between people and the environment happen much more slowly than in so-called scientific progress, because this relationship is anchored in slow-moving subjective time, which is itself rooted in the ancestral archetypes of the mind. If only for this reason, the basic issues of architecture do not change with the passing of centuries, or even of millennia.

die Grundfragen der Architektur nicht mit den Jahrhunderten oder Jahrtausenden.

Es ließe sich einwenden, daß die Architektur wie jedes andere Kulturphänomen einen historisch bestimmten *Anfang* hatte und daher auch ein *Ende* haben könnte. Wenn es stimmt, daß es Kulturen gab, die dem Bauen nicht jenen besonderen ästhetischen Wert beimaßen wie unsere eigene Tradition, wäre es theoretisch durchaus möglich, daß es eine «architekturlose» Zukunft geben könnte: eine neue Epoche, die das Bauen auf seine rein utilitaristische Funktion beschränkt. Man kann auch in einem Wohnwagen, in einem Container oder in einem x-beliebigen technischen *gadget* überleben. Architektur ist in diesem Sinne eine «erhabene Nutzlosigkeit», wie Manfredo Tafuri treffend bemerkt hat (*Progetto e Utopia*). Das trifft den Punkt: Das Wesen der Architektur liegt nicht im *Nützlichen*, d.h. in der reinen und schlichten praktischen Erfüllung der Anforderungen, die wir an einen überdachten Raum stellen, sondern in der Befriedigung eines tieferen seelischen Bedürfnisses: Wohnqualität zu schaffen. Dies um so mehr, als unsere Kultur die bloße materielle Gegebenheit von Bauten transzendiert, indem sie ihnen einen ästhetischen, symbolischen und emotionalen Wert beimißt, der sie zu

It could be argued that, as with any other cultural phenomenon, architecture had a historical *beginning* and may therefore also have an *end*. If it is true that there have been cultures which did not grant architecture the special aesthetic value our culture has long assigned to it, there seems no logical reason to suppose that we may not eventually find ourselves in a future without architecture, some new epoch in which architecture has been pared down to mere utilitarian function. After all, one can survive in a trailer, a freight container or any other technological construction. In this sense, as Manfredo Tafuri (*Progetto e Utopia*) has acutely observed, architecture remains "sublimely useless". But this is precisely the point. The essence of architecture lies not in its *usefulness* – the purely practical solutions it offers to the human need of shelter – but in the way it meets the much profounder spiritual need to *shape our habitat*. In our culture, architecture transcends the mere physical substance of buildings by endowing constructed forms with aesthetic, emotional and symbolic meanings which elevate them to symbols of civilisation. There is good reason to hope that this ancestral spiritual need will lose none of its force in the future.

Zeichen einer Zivilisation erhebt. Wir haben daher durchaus Grund zu der Hoffnung, daß dieses uralte spirituelle Bedürfnis des Menschen in naher Zukunft lebendig bleiben wird.

Bei dieser Gelegenheit kommen einem die Überlegungen Mies van der Rohes ins Gedächtnis, die er am Ende der Werkbund-Tagung in Wien 1930 vortrug. «Die neue Zeit ist eine Realität. Sie existiert unabhängig davon, ob wir sie akzeptieren oder ablehnen. Aber sie ist nicht besser oder schlechter als irgendeine andere Zeit [...]. Entscheidend wird allein sein, wie wir uns in dieser Situation durchzusetzen vermögen [...] Was zählt, ist nicht das Was, sondern einzig und allein das Wie [...] Der Sinn und das Recht jeder Zeit, also auch der unsrigen, bestehen ausschließlich und allein darin, dem Geist die Voraussetzungen, die Existenzmöglichkeit zu bieten.»

Mario Botta ist ein Architekt, der bislang wenig geschrieben, aber viel gebaut hat, und zwar nach einhelliger Meinung auf sehr hohem Niveau. Es wäre ein offenkundiges Mißverständnis, die vornehme Zurückhaltung, die Botta dazu bewog, sich nicht über die Triebkräfte seines eigenen Schaffens zu äußern, mit einem Mangel an theoretischer Reflexion zu verwechseln. Tatsächlich bestehen seine theoretischen Beiträge mit Vorbedacht gerade in

---

One is reminded here of Mies van der Rohe's closing remarks on *neue Zeit* at the 1930 Werkbund congress in Vienna. "The new age is a reality. It exists independently of whether we accept it or reject it. But it is no better or worse than any other age [...] How we make our presence felt in this situation will be of decisive importance [...] The thing that matters is not the 'what', only the 'how' [...] The sole meaning and exclusive right of any age – and so also ours – is its ability to provide the human spirit with the conditions and possibilities it needs in order to exist."

Mario Botta has written little but built much. What he has built is universally acknowledged to be of an extremely high standard. To mistake his dignified reticence over cultural motivation for lack of theoretical awareness would be a wilful misunderstanding of the nature of his achievement. Botta has knowingly and deliberately elaborated his theories in his drawings and buildings; that is, by means of self-referential signs which physically communicate his ideas about architecture through the silent language of things. His many-faceted output has generated an enormous body of critical study and comment of a generally high standard, as well as a whole series of interviews

seinen Entwürfen und Bauten, d.h. in selbstbezüglichen Zeichen, die architektonischen Ideen durch die berührbare Evidenz der stillen Sprache der Dinge Ausdruck verleihen. Zudem gibt es über sein vielfältiges Werk nicht nur eine ausgedehnte und sachkundige Sekundärliteratur; vielmehr hat Mario Botta auch in zahlreichen Interviews und bei anderen Gelegenheiten zu seinen Arbeiten Stellung genommen. Dennoch fehlte bislang eine Gesamtbetrachtung seines Werkes aus seiner eigenen Feder.

Dieses Buch präsentiert die drei Vorträge über «Stadt, Architektur und Design», die Mario Botta am 23. und 24. November 1994 im Palazzo Serra di Cassano in Neapel auf Einladung des Istituto Italiano di Studi Filosofici und des Verlagshauses Laterza hielt. In der Niederschrift der Bandaufzeichnungen soll, soweit möglich, der leichte Ton des mündlichen Vortrags erhalten bleiben. Wir haben uns dazu entschlossen, die leidlich bekannten Fotografien der Bauten hier durch noch weitgehend unveröffentlichte Entwurfsskizzen zu ersetzen, die der Autor für diesen Anlaß eigens zusammengestellt hat. Der Verzicht auf spektakuläre Farbfotos wird, so meinen wir, durch die konzeptionelle Dichte, die den scheinbar anachronistischen Handzeichnungen innewohnt, mehr als ausgeglichen. In der Skizze er-

and his own numerous aphorisms. What has been lacking so far is Botta's own assessment of the work he has done.

This book brings together the three lectures on "City, Architecture and Design" which Mario Botta delivered on 23 and 24 November 1994 at the Palazzo Serra di Cassano in Naples, at the invitation of the Italian Institute of Philosophical Studies and the publishing house Laterza. Where possible, every attempt has been made to preserve the ebb and flow of the original spoken language. The slides Botta used to illustrate his lectures are already more or less familiar, and have been replaced here by the drawings Botta supplied specially for the occasion, many of which have never been published before. I think that foregoing the impact of colour is more than compensated for by the greater conceptual density of seemingly anachronistic hand-drawn lines on paper. Often a drawing can convey with unrivalled clarity the thought underlying the object it presents. The subtle clues it provides enable the reader to reconstruct the creative process Botta himself followed by repeating his mental journey through the labyrinth of his own works.

scheint oftmals der Gedanke, der sie inspiriert, mit unüberbietbarer Klarheit. Der Skizzenblock des Architekten wird so zu einem von ihm selbst geschriebenen Reiseführer, mit dessen Hilfe der Leser durch das Labyrinth seines Werkes findet und die feinen Spuren des kreativen Prozesses nachvollziehen kann.

Mario Botta ist ein auf seine Weise klassischer Konstrukteur und Architekt, der es vermochte, die Erwartungen seiner Zeit zu deuten und ihnen Form zu verleihen. Im Laufe der Jahre schuf er dabei nicht wenige Bauwerke von exemplarischer Bedeutung, die heute von tausenden Menschen genutzt und besucht werden. Bottas Bereitwilligkeit, den Vorgaben und Wünschen der Auftraggeber Gehör zu schenken und sie adäquat umzusetzen, ist alles andere als ein Nachgeben gegenüber den Marktzwängen des Baugewerbes und eine daraus folgende Verflachung der Architektur; bei Lichte besehen stellt sie vielmehr gerade eine Herausforderung des ebenso verbreiteten wie unbegründeten Pessimismus dar, eine qualitätvolle Architektur sei in unserer «schlechten Gegenwart» nicht möglich.

Nicht zufällig fordert Mario Botta in diesem Buch eine ethische Grundlage des Bauens. Man beachte: «ethisch» kommt hier noch vor «ästhe-

Mario Botta is a builder. In his own way, he is a classical architect who has successfully interpreted the expectations and aspirations of modern society by constructing over the years a significant number of exemplary buildings which are now visited and used by thousands of people. Far from being a renunciation of professional autonomy imposed by the dictates of the building industry, his desire to listen and respond to his clients' wishes is, on closer inspection, a challenge to the pessimism – as widespread as it is unjustified – which denies the possibility of constructing quality buildings in this "bad" age of ours.

Significantly, Botta claims in this book that the foundation of good building is ethical even before it is aesthetic. His desire for geometrical clarity in the forms he creates, and his insistence on scrupulously accurate execution right down to the last detail, reveals a moral and – I would almost say – a religious intent. Of its very nature, the practice of architecture entails the transformation of a given situation, whether a historically stratified urban scenario or an unspoiled natural landscape. Leaving a mark on the land, even just a simple wall, is a fundamental act, of whose "sacredness" Botta is inti-

tisch». Eine moralische (ich würde sogar sagen, eine ureigentlich religiöse) Spannung durchdringt Bottas Willen zu geometrischer Klarheit seiner Formen und der millimetergenauen Exaktheit der baulichen Ausführung, die sich auf die kleinsten Details erstreckt. Mit der ihr innewohnenden Logik verwandelt die Architektur das Vorgefundene, ob es sich nun um ein historisches Stadtgefüge oder eine unberührte Naturlandschaft handelt. Eine Furche oder eine einfache Mauer wird zu einem Gründungsakt, deren «Heiligkeit» Botta vollauf bewußt ist. Daher sein hartnäckiger Ehrgeiz, mit seiner Architektur Schönheit zu schaffen, die sich weniger dem Wunsch der Auftraggeber verdankt (nicht selten sind sie in dieser Hinsicht gleichgültig oder nicht kompetent), als vielmehr Bottas unbeirrbarem Glauben an den kollektiven Wert individuellen Schaffens. Für den Architekten ist die gebaute Umgebung des Menschen dessen unveräußerliches Recht, wie Brot und Wasser.

Mario Botta war erst achtzehn Jahre, als er in Genestrerio verfolgen konnte, wie sein erstes Bauwerk entstand. Jenes Pfarrhaus ist mehr als nur die Feuertaufe eines Baumeisters. Es ist der Beginn einer ununterbrochenen Suche nach der Beziehung zwischen der Geometrie der Architektur und der

mately aware. This explains his persistent efforts to create beauty in architecture, which are less a response to the wishes of his clients (who are often indifferent, or unqualified to judge this aspect of architecture) and more a statement of his unshakeable belief in the collective significance of individual creativity. In Botta's work, the expectation of quality in our constructed environment becomes an unalienable human right, like having enough bread and water.

Mario Botta was only eighteen when he saw his first building erected in Genestrerio. That "parish house" was more than his on-site baptism, however. It marked the start of an ongoing exploration of the relationship between the geometry of architecture and the topography of site, between the monolithic compactness of walls and the carefully shaped openings inserted in them, between physical texture and light, between building technique and architectural culture.

After this experience – in which he put the expressive potential of local stone to the test in a "rational" design of unusual austerity – the young student from Mendrisio embarked on a rigorous programme of training – from

Topographie des Ortes, zwischen der monolithischen Kompaktheit der Mauer und dem wohlbemessenen Zuschnitt ihrer Öffnungen, zwischen Material und Licht, Technik und Kultur des Bauens.

Nach diesem Projekt, mit dem Botta die Ausdruckskraft des örtlichen Gesteins in der neuartigen Schlichtheit eines «rationalen» Entwurfs unter Beweis stellte, sammelte der junge Student aus Mendrisio in schneller Folge seine ersten beruflichen Erfahrungen im Architektenbüro Tita Carlonis in Lugano und mit Carlo Scarpa in Venedig, bis es zur ideellen Begegnung mit seinen großen Vorbildern kam: Le Corbusier und Louis Kahn; ein so häufig in den Monographien nachgezeichneter Werdegang, daß hier einige Andeutungen genügen. Es wäre auch unsinnig, bei Botta nach Einflüssen anderer Architekten zu suchen. Wichtig ist, daß er zu einer eigenen Formensprache gefunden hat, d.h. zu einem Vokabular architektonischer Zeichen, das unverkennbar seine eigene Handschrift trägt.

Seit dem prachtvollen Haus Bianchi in Riva San Vitale aus den frühen 70er Jahren bot die Schaffung von Einfamilienhäusern in den Tälern des Tessins Botta das bevorzugte Experimentierfeld für eine ganze Serie von «Variationen», mit denen er die Aufmerksamkeit der internationalen Kritik auf sich zie-

the Tita Carloni practice in Lugano to study under Carlo Scarpa in Venice, and indirect encounter with his elective masters Le Corbusier and Louis Kahn – which has been explored at length in the monographical studies and needs only a brief mention here. It would be pointless to look for genealogies and inherited influence in Botta's work. What counts is the fact that, irrespective of the training he received, he was able to formulate his own language, his own unique and recognisably autobiographical syntax and vocabulary.

The construction of detached houses in the Ticino valleys – the first, the magnificent Villa Bianchi in Riva San Vitale, dates from the early 1970s – offered Botta an unrivalled opportunity to produce a linked series of variations on a theme that would attract the attention of international critics. Kenneth Frampton has seen him as an example of "critical regionalism" and Francesco Dal Co has pointed to the "logic of architectural form in relation to light, orientation, climate and materials", while Giovanni Pozzi sees "spiritual identification with his native landscape". Though they differ in approach, the consensus of these and other views is that Botta's Ticino architecture is a prime example of rootedness in a place.

hen mußte. Kenneth Frampton verstand diese Arbeiten als «kritischen Regionalismus». Francesco Dal Co wies auf die «Logik der architektonischen Form in Beziehung zu Licht, Lage, Klima und Material» hin. Giovanni Pozzi bemerkte die «geistige Nähe zur heimatlichen Landschaft». Trotz ihrer Unterschiedlichkeit stimmen diese und andere Interpretationen darin überein, daß die Architektur des Tessiners in beispielhafter Weise auf ihren jeweiligen Ort Bezug nimmt.

Genau darin besteht das scheinbare Paradox: daß sich nämlich der universelle Charakter dieser Architektur aus einem lokalen *Humus* nährt. Das «Gefühl für Tradition», das hinter der reinen euklidischen Geometrie seiner Häuser durchscheint, gleitet nie in folkloristische Nachahmung ab. Die Abstraktion des «rationalen» Projektes bewahrt diese neuen Monolithen, die über die Tessiner Landschaft verstreut liegen, vor jeder Art von Romantik à la «Meister aus Como». Botta spielt auf die Vergangenheit an und er-findet sie in gewisser Weise neu, aber er reproduziert sie nie.

Das Einfamilienhaus stellt den Archetypus des Bauens dar, die Urquelle der Architektur. Dieses auf seine Weise zeitlose Thema bot dem Tessiner Architekten die Gelegenheit, einige Ursprungselemente des Wohnens wie Sok-

The fact that a language of such universality draws substance and sustenance from "local" soil may seem paradoxical, yet the "feeling for tradition" underlying the pure Euclidean geometry of his houses never degenerates into mere local camouflage. The abstraction of "rational" design precludes any surrender to nostalgia for the "Comacine masters". The past is alluded to and in some ways re-invented, but never evoked.

On the other hand, the detached house is the archetypal form of construction, the ultimate source of architecture. Being presented with what is, in its own way, a timeless theme, Botta was given the opportunity to explore basic features of the human dwelling like the base, the wall and the roof. Defying the obligatory blandness of the International Style, Botta's walls have regained their thickness and cocoon private space within a protective shell, while the translucent limpidity of glass has been transferred from the façade to the roof. Transparency has been replaced by concealment, lightness by a sense of gravity. The house is once again rooted in the soil – its weight visibly rests on foundations – while light floods down from transparent roofs offering glimpses of the sky in rooms that echo like ancestral caves.

kel, Mauer und Dach neu zu erkunden. Gegen den blutleeren Kanon des *International Style* gab Botta der Mauer ihre Stärke zurück: Der Privatraum der Wohnung wird von einer schützenden Schale umhüllt, so wie die durchsichtige Klarheit des Glases statt bei der Fassade nun beim Dach eingesetzt wird. An die Stelle der Transparenz ist die Maske getreten, an die der Leichtigkeit die Schwerkraft. Das Haus ist wieder fest im Erdboden verwurzelt, sein auf den Fundamenten ruhendes Gewicht sichtbar, und das zenital einfallende Licht öffnet Ausblicke auf den Himmel in Zimmern, wo das Echo der Ahnenhöhlen hörbar scheint.

Bewußt setzte Botta trotz der Variationen einiger Formspiele beim *work in progress* seiner kubischen und zylindrischen Einfamilienhäuser mit hartnäckiger Ausdauer auf die kompositionellen Prinzipien und Primärelemente des einheitlichen, fast archaisch wirkenden Entwurfs, verband diesen jedoch zugleich in einer ungewöhnlichen Mischung mit heutigen, industriell gefertigten Materialien. Dabei gab er sogar den Naturstein des Erstlingswerkes auf, um ein «gewöhnliches» Material wie die heute bekannten BKS-Blöcke auszuprobieren. Es scheint, als habe Botta unter Beweis stellen wollen, daß sich auch mit solchen Werkstoffen der Industriekultur eine neue Schönheit

Though formal relationships sometimes vary in his cubic and cylindrical detached house designs, Botta knowingly and obstinately insists on the compositional principles and primary elements of a unified design process that seems positively archaic in its undertones. Yet he has also taken the unusual step of combining this with modern building materials, even to the extent of abandoning the stone of his early buildings to try out "common" materials like his now famous BKS blocks. His intention seems to have been to show that new beauty can be created from the waste materials of industrial society; that the quality of a dwelling is not determined by nature alone, but is the result of human design. Hence his oxymoronic aphorism on the "antiquity of the new".

The controversial rebuilding of the church in Mogno is emblematic of what Botta is trying to achieve. On 25 April 1986 an avalanche of earth and snow destroyed the seventeenth-century church of St John the Baptist whose simple, dignified, traditional stone structure and adjacent campanile had been the symbol of the small village clinging to the slopes of the Maggia valley. Faced with the challengingly complex task of rebuilding the church, Botta successfully resisted the temptations of replication, the siren song of "as it

erreichen läßt: daß Wohnqualität nicht naturgegeben, sondern Ergebnis menschlicher Entwürfe ist. So ist Bottas aphoristisches Oximoron der «Altertümlichkeit des Neuen» zu verstehen.

Beispielhaft für diesen poetischen Ansatz bleibt der mühselige Wiederaufbau der Kirche von Mogno. Am 25. April 1986 wurde die Kirche S. Giovanni Battista aus dem 17. Jahrhundert, die in der Schlichtheit ihres traditionellen Steinvolumens mit einem Kirchturm an ihrer Seite das Symbol dieser kleinen Gemeinde an den Steilhängen des Maggia-Tales war, von einer Schnee- und Erdlawine zerstört. Mario Botta wurde mit dem schwierigen Auftrag des Kirchenneubaus betraut und widerstand dabei der Versuchung einer bloßen mimetischen Wiederherstellung des Gewesenen. Statt dessen wählte er einen ganz neuen Ansatz und zog einen elliptischen Grundriß, der die rechteckige Umfassung des alten Kirchenschiffes in sich aufnimmt. Ein großes verglastes Schrägdach schließt das mit zweifarbigen Reihen aus örtlichem Stein verkleidete zylindrische Volumen ab und überdeckt die liturgische Achse vom Eingang im Westen bis zum Altar an der Ostseite des Gebäudes. Wie zu erwarten war, stieß diese Lösung bei den Befürwortern eines getreuen Nachbaus auf Widerstand.

was where it was". He decided on the unusual solution of an elliptical plan enclosing the rectangle of the existing nave, and, in elevation, a large sloping glass plane which cuts through the cylindrical main building (with dichromatic local stone cladding strips) over the liturgical axis running from the door at the western end to the altar at the eastern end. As was only to be expected, his design attracted criticism from those who had been in favour of an exact reconstruction, though Rudolf Arnheim met their criticisms indirectly by drawing attention to the church's profoundly mystical geometrical incorporation of a circle intersected by a straight line. Without wishing to praise the "sacredness" of Botta's reinvented church, it cannot be denied that a replica of the existing church would inevitably have turned out as a parody of the ancient original structure.

Creating a new form is always an architect's most difficult task, yet the church in Mogno is not the only example of Botta's willingness to explore unknown avenues in his struggle to capture ephemeral eternity in church designs. Think, for instance, of the indiscreet charm of the Chapel of St Mary of the Angels high up on the slopes of Monte Tamaro. The extraordinary thing

Rudolf Arnheim wandte sich indirekt gegen diese Polemiken, als er die tiefe Mystik der Geometrie aus Kreis und der ihn durchkreuzenden Achse hervorhob. Selbst wenn man nicht auf die «Sakralität» dieser Nach-Schöpfung abheben will, kann man nicht leugnen, daß eine bloße Nachbildung der früheren Kirche notwendig in eine fatale Parodie des Alten umgeschlagen wäre.

Die Schaffung einer neuen Form bleibt jedoch für einen Architekten immer das schwierigste Unterfangen. Nicht nur bei der Kirche von Mogno hat sich Botta dafür entschieden, ganz neue Wege zu erkunden, um der ephemeren Ewigkeit eines Sakralbaus Ausdruck zu geben. Man denke nur an den vollkommenen Zauber der Kapelle Santa Maria degli Angeli, die wie ein «steinerner Nagel» in den Monte Tamaro getrieben ist. Die Außergewöhnlichkeit dieses planerischen Abenteuers bestand auch darin, daß es der Auftraggeber Botta in diesem Fall überließ, den genauen Standort zu wählen und der Architekt so in den Genuß des anachronistischen Privilegs kam, ohne im vorhinein festgelegte Auflagen zu bauen. Daraus entstand die urwüchsige Ausdruckskraft eines hybriden Bauwerks in der Schwebe zwischen Turm, Brücke und Gotteshaus, das dank der Seelenverwandtschaft des

about this boldly original design is that Botta's client allowed him to build the chapel wherever he wanted, affording him the anachronistic privilege of being able to build with total freedom. The result is a powerfully barbaric hybrid construction – metaphorically a tower, a bridge and a church – of unsurpassable lyricism, not least in the interior where Botta's intellectual affinity with artist Enzo Cucchi, who did the frescoes, has paid rich dividends.

So far we have touched on just some of the detached houses and churches Botta has designed, and in many cases built, over the past thirty years or so. Naturally, the career that has taken him from San Francisco to Tokyo cannot be described by these few examples, significant and representative though they are, but a systematic survey of the 180 or so projects he has designed (and in most cases built) would require more space than this introduction permits. However, the extraordinary range of his output, from town planning through various fields of architecture to industrial design, has already been documented in the three volumes of his *Complete Works*.

And yet, I feel a digression – however brief – is needed here to take note of his public buildings, which range from banks and theatres to museums and

Künstlers Enzo Cucchi, der die Fresken malte, auch innen unvergleichlich poetisch wirkt.

Bis hierher haben wir lediglich auf einige wenige Kirchen oder Einfamilienhäuser hingewiesen, die Mario Botta im Laufe seiner beinahe dreißigjährigen Tätigkeit baute oder entwarf. Natürlich läßt sich das planerische Schaffen des Tessiner Architekten, der Werke von Tokio bis San Francisco entwarf, nicht auf diese wenigen Beispiele einengen, auch wenn sie exemplarischen Charakter haben. Die Bandbreite der Entwurfsarbeit Mario Bottas – die von stadtplanerischen Projekten über die verschiedenen Architekturbereiche bis zum Industriedesign reicht – ist andererseits bereits in den großen Bänden der Ausgabe seines «*Gesamtwerks*» zur Genüge dokumentiert.

Gesondert hinzuweisen ist allerdings, wenn auch notgedrungen kurz, auf Bottas Erfahrung mit öffentlichen Bauten: von Banken über Theater und Museen bis hin zu Kulturzentren. Dies um so mehr, wenn man bedenkt, wie sehr diese Gebäude die Stadtlandschaft und die kollektive Bilderwelt prägen. Bedeutsam erscheint mir bei dieser Entwurfsserie die Evolution kompositioneller Komplexität von der essentialistischen Formensprache der 70er Jahre zu

arts centres; especially if one bears in mind the extent to which these buildings have influenced the urban contexts they are located in, and the sort of public image they succeed in communicating. In my view, the important thing about this linked series of projects is its ascending spiral of compositional syntax that has evolved from 1970s simplicity into a more complex formal weave increasingly in search of a "new monumentality". Examples are the Theatre in Chambéry and the Media Centre in Villeurbanne, representative 1980s buildings in which Botta's vocation for interpreting the symbolic expectations and aspirations of his age are more than evident in the allegorical vocabulary of climbing arches and reinforced-concrete concentric circles bathed in overhead light. Once again, construction technique and new materials are subordinated to an "ethical" design which imposes cultural harmony. It is also worth noting that his industrial designs of the same period follow the same ascending spiral in a game of mutual reference and replication spanning the small-scale and large-scale manifestations of what is, in effect, a single design process. In this sense, the recently opened Museum of Modern Art in San Francisco looks like a gigantic optical toy deliberately planted in

einer formalen Ausgestaltung, die immer mehr von Bottas Suche nach einer «neuen Mentalität» kündet: Man denke an das Theater von Chambéry oder an das Haus der Medien von Villeurbanne, «sprechende» Gebäude der frühen 80er Jahre, die mit ihrem allegorischen Vokabular der in Zenitallicht getauchten Strebebögen und konzentrischen Kreise aus Stahlbeton der Erwartung kollektiver Symbolik vollauf gerecht werden. Wieder unterwirft Botta hier eine neue Technik und neue Materialien einem «ethischen» Projekt kultureller Harmonie. Es ist wichtig, zu bemerken, daß auch sein Industrie-Design dieser Jahre eine analoge Entwicklungstendenz zeigt – wie in einem Wechselspiel gegenseitiger Spiegelungen, die von kleinformatigen zu großdimensionierten Entwürfen eine einheitliche theoretische Suche reflektieren. So läßt sich das jüngst eingeweihte Museum für moderne Kunst in San Francisco mit einem gigantischen *optical gadget* vergleichen, das wie ein jederzeit wiedererkennbares symbolisches Objekt bewußt in die anonyme Landschaft der *Downtown* gesetzt ist.

Mario Botta ist ein erfolgreicher Architekt. Seine Arbeiten stoßen in verschiedenen Bereichen und verschiedenen Teilen der Welt bei Kritikern und Publikum auf Zustimmung. Auch deshalb eignet sich sein Werk als Beispiel

the anonymous surroundings of the downtown city as a symbolic object that instantly draws the eye.

Botta is a successful architect. His buildings and objects have won public and critical acclaim the world over in many different fields of design, which is another reason why his work stands as an appropriate paradigm of the intellectual role the architect is able to play in today's world, with all its limitations and potential.

And yet, it hardly seems surprising that his work was conspicuous by its absence at both the 1980 Venice Biennale, curated by Paolo Portoghesi, on "The Presence of the Past", and Philip Johnson's 1988 exhibition on "Deconstructivist Architecture" at the Museum of Modern Art in New York. Botta is impervious to fashion. His work cannot be reduced to the "isms" (great and small) that have come and gone in the century that is now nearing its close. Terms like Modernism, Postmodernism and Deconstructivism do not help us to penetrate the meaning of his work. Perhaps the most appropriate adjective would be "millennial", in the sense that his architecture is intimately concerned with long-term rather than short-term issues. However, any defi-

für die intellektuelle Rolle, die der Architekt im Rahmen seiner Arbeit und nach seinem Vermögen in unserer Zeit spielen kann.

Seine Abwesenheit sowohl bei der von Paolo Portoghesi besorgten Biennale von Venedig 1980 mit dem Thema «La presenza del passato» («Die Gegenwart der Vergangenheit») als auch bei der Ausstellung im Museum für Moderne Kunst in New York 1988, die Philip Johnson der «dekonstruktivistischen Architektur» widmete, sollte allerdings nicht verwundern. Botta ist ein für Moden unempfänglicher Architekt. Sein Werk läßt sich nicht auf die großen oder kleinen Ismen dieses zu Ende gehenden Jahrhunderts reduzieren. Modern, postmodern, dekonstruktivistisch: das sind ungeeignete Deutungskategorien, um den Sinn seiner Suche zu entschlüsseln. Wollte man Bottas Schaffen mit einem Adjektiv belegen, so wäre es nicht ganz unangemessen, aufgrund seiner Beschäftigung mit zeitlosen Fragen von einer «millenarischen» Architektur zu sprechen. Aber jede Definition würde letztlich den authentischen Gehalt eines Projektes einengen, das nach Architektur strebt – ohne Adjektive.

nition of this sort would end up limiting the scope and meaning of a design process whose ultimate aim is to create architecture with no adjectives attached.

Gebaute Gedanken

Thoughts on Building

«Architektur», so möchte ich gleich zu Beginn klarstellen, halte ich für eine Abstraktion. Nur das architektonische Bauwerk selbst kann den Bedürfnissen des Menschen gerecht werden. Ich bin ein Baumeister, mehr ein Mann der Baustelle als der Theorie, und vielleicht glaube ich gerade aus diesem Grund, daß nur das ausgeführte Werk den Erwartungen der Gesellschaft Genüge leisten kann. Ich halte also das fertige Bauwerk für ungleich wichtiger als jeden Entwurf (und ich versichere Ihnen, daß auch ich viele davon in der Schublade habe). Erst, wenn Entwürfe die Vorbereitungsphase überwunden haben und verwirklicht werden, gewinnen sie ihre Vollständigkeit und viele zusätzliche Worte.

Im architektonischen Werk verschmilzt das (sei es auch abstrakte) Denken des Architekten mit der Realität zu einer konkreten Erscheinung. Die Realität besteht zuvorderst in den geographischen Bedingungen: Die Architektur verwandelt eine natürliche Gegebenheit in eine kulturelle Gegebenheit und überführt ein vorhandenes in ein neues räumliches Gleichgewicht. Die Begegnung zwischen der Welt des Denkens, der abstrakten Welt der Zeichnung und der Welt des Wirklichen ist zugleich Begegnung mit dem historisch und kulturell Gewordenen, mit Erinnerung, die der Landschaft aufgeprägt

I'd like to make clear from the start that I regard architecture as an abstraction, and that I believe only a constructed work of architecture can respond fully to human needs. As a builder – a practical site-man rather than a theorist – I firmly believe that constructed buildings are infinitely more interesting than projects on paper – of which, I can assure you, I have more than an adequate supply in my architect's bottom drawer. A project achieves its final definition and identity when the gestation period is over and it emerges into the real light of day, acquiring a whole range of other features and values.

A work of architecture is a synthesis of two things: an architect's thought – abstract or ideological, as the case may be – and physical reality. This reality is, first and foremost, a geographical situation. Architecture transforms the given situation into one that is culturally mediated by taking an existing configuration of spaces and creating a new one. The encounter between ideological thought, abstract architectural design and the real, physical world is also an encounter with a historical situation, a cultural entity and the memories a site is steeped in – memories which I believe an archi-

ist. Die Architektur, so meine ich, muß auf diese Erinnerung eingehen, sie interpretieren und so Zeugnis von den Hoffnungen, Spannungen und dem Veränderungswillen unserer Zeit ablegen.

Wenn daher der Architekt den abstrakten Entwurf bei seiner Ausführung mit dem Vorhandenen abgleicht, ihn verändert und korrigiert, um ihn den Falten der Wirklichkeit anzupassen, gewinnt er durch diese Arbeit und diese Mühen gewöhnlich an Wert. Das ist nicht wenig: Eine gezeichnete Linie verwandelt sich in eine Mauer, ein Stück des Entwurfs wird zum Bauwerk, die Zeichnung eines Daches wird zu einem wirklichen Schutz, und all dies schafft nicht allein der Architekt, sondern mit ihm zusammen viele andere (Antriebs-)Kräfte: wirtschaftliche Kräfte, Arbeitskräfte, positive Kräfte unserer Zeit.

In diesem Lob des Bauens steckt noch eine weitere Überzeugung: Das ausgeführte Werk spricht auch von seinem theoretischen Gehalt mit größerem Recht, gerade weil es zu einem zeitgeschichtlichen Dokument wird und nicht nur Ausdruck der ausgeklügelten Ideen des Architekten ist. Das architektonische Bauwerk wird zum Bild, zum Zeichen, das die Grenzen, die Spannungen und die Hoffnungen der Gemeinschaft zum Ausdruck bringt.

tect has to re-interpret and re-present in such a way that the new situation bears witness to the aspirations, tensions and desire for change of the age we live in.

So when an abstract project comes into contact with something that already exists, when it modifies and adapts itself to the complexities of a given situation, it is usually enhanced by the work this entails, the sheer effort needed to translate a project into a building. This is no mean achievement: a line on paper becomes a wall, a drawing becomes a building, a roof becomes protection against the elements. And all of this isn't just the work of the architect alone. Many other forces come into play – the economic and industrial pressures which are positive expressions of our age.

Behind this praise of building lies another belief, namely that a constructed building's entitlement to its theoretical content is all the greater precisely because that content is a concrete manifestation of a historical situation, not just a theoretical construct elaborated by an architect. A work of architecture is an image, a symbolic expression of the limitations, tensions, hopes and expectations of a community.

Ein dritter Punkt scheint mir besonders wichtig: Ich glaube, daß die Architektur eine ethische eher noch als eine ästhetische Disziplin ist. Der Gestaltung des menschlichen Lebensraums wohnt immer eine moralische Spannung inne, die bestimmte Werte des Wohnens gegenüber anderen begünstigt. Wenn das Werk verwirklicht werden kann, werden diese Werte zu Wohn-«Ansprüchen», gleichsam zu einem Teil des «Naturrechts», das die Menschen in Anspruch nehmen können. Dieser ethische Aspekt gewinnt seine Legitimität, wenn sich die Architektur des ausgeführten Werks nicht nur als Ideal, sondern als Gut präsentiert, das sich dem Bürger, seinem natürlichen Nutzer und Repräsentanten der Gemeinschaft zur Nutzung anbietet.

Nach diesen einleitenden Bemerkungen möchte ich eine Auswahl der Entwürfe meines Ateliers präsentieren. Es handelt sich um einige bereits fertiggestellte Projekte und andere, die sich noch im Stadium der Ausführung befinden. An ihnen möchte ich eine Reihe von Merkmalen aufzeigen, die meiner Meinung nach verdeutlichen, was es heute heißt, Architektur zu machen.

So habe ich Entwürfe und Arbeiten ausgewählt, um über verschiedene architektonische Themenstellungen zu sprechen: das (Ein- und Mehrfami-

I also believe that architecture is an ethical discipline even before it is an aesthetic one. Within the spatial organisation of human society, there is always a moral tension which tends to favour certain principles of habitation over others. When a building is actually constructed, these principles become "rights" of habitation, "natural" rights of which people are free to avail themselves as they wish. This moral dimension is legitimised when architecture is presented not only ideally and intellectually, but also as something concrete and practical which each individual citizen – as both a user of architecture and a representative of the wider community – can relate to in a practical way.

In the light of these considerations, my task must now be to select just some of the many projects I've worked on as a practising architect. In making this selection – some of the buildings are finished, others are currently under construction – my aim has been to illustrate features and themes which, in my view, both characterise and validate architecture as it is practised today.

I have chosen the house – in the sense of "home", therefore both the detached house and the condominium apartment – because this enables me to talk about humankind's primary need for shelter. I've chosen what in Ital-

lien-)Wohnhaus als Ausdruck des Urbedürfnisses des Menschen nach einer geschützten Unterkunft; den Verwaltungsbau als Beispiel für die Eingliederung menschlicher Institutionen in die Stadt; das Fabrikgebäude (in der heutigen Baukultur zu sehr vernachlässigt) als Beleg für die Gestaltung von Räumen für die Arbeit; die Kirche als Bauwerk, welches das Bedürfnis nach Spiritualität repräsentiert, einer der stärksten menschlichen Antriebe. Ich habe schließlich das Museum als Beispiel eines Ortes der «Kommunikation» und als «moderne Kathedrale» ausgewählt, das von dem menschlichen Bedürfnis spricht, auf andere, kulturelle Formen von Spiritualität zurückzugreifen, die in der modernen Stadt immer größere Bedeutung gewinnen und zu den bereits bestehenden treten: Kirche, Rathaus, Theater.

Wann immer ich in letzter Zeit meine Arbeiten präsentiert habe, verspürte ich eine Art Unbehagen: Ich kam mir vor wie ein privilegierter Architekt, der im Bewußtsein dieser glücklichen Lage versucht, der Verantwortung gerecht zu werden, die diese Disziplin mit sich bringt. Ich weiß, daß es ein großes Privileg ist, fertige Bauten als physische Belege gegen die uns umgebende architektonische Banalisierung anführen und über die Welt von heute durch den Filter realisierter Entwürfe sprechen zu können. Ich sage dies mit

---

ian is called the *palazzo* – the civic or public building, rather than the noble residence – which provides a home for human institutions in the city. I've chosen the factory – a structure all too often ignored in contemporary society – to be able to speak of the workplace. I've chosen the church because it focuses the need for spirituality, one of humankind's most powerful urges. And finally, I've chosen the museum which, as both secular cathedral and place of communication, is an expression of the cultural concerns that are an increasingly important feature of modern urban life. The museum satisfies our need for other kinds of spirituality, and should therefore be considered on a par with other more traditional expressions of human need like the church, the civic building and the theatre.

I've felt somewhat uneasy of late when asked to talk about my work. I'm aware of being privileged in what I do, in the sense that I'm one of those fortunate architects who, precisely because they are conscious of their good fortune, take upon themselves the responsibilities of their discipline. I know that it is indeed a great privilege to be able to cite one's own work and use it as a way of talking about today's world, to be able to resist in concrete, phys-

Blick auf die sehr schwierige Situation etwa in Italien und anderen europäischen Ländern, wo viele ungeachtet ihres Talentes, ihrer Fähigkeiten, ihrer Intelligenz und ihres Willens keine Möglichkeit erhalten, sich auszudrücken.

Wo ich von der Stadt spreche, werde ich dies eher indirekt und weniger detailliert tun, da sich hinter den Entwürfen, welche die Problematik eines so großen Organismus berühren, unweigerlich weit komplexere und allgemeinere Reflexionen und Standpunkte über ebenso komplexe und langwährende Wandlungsprozesse verbergen. Ich glaube, die Vielfältigkeit der Bedürfnisse in einer sich derart rasch wandelnden Welt läßt heute keinen Architekten ungerührt. Der Architekt muß sich im Hinblick auf die Komplexität der sozialen und räumlichen Organisation der Stadt sehr anstrengen, adäquate Lösungen zu finden.

Einfacher wird es dagegen, wo ich von Design spreche, insofern es sich hier um ein überschaubareres, begrenzteres und damit kontrollierbareres Feld handelt: Hier geht es um vertraute Probleme, um Produktionsmechanismen, die wir kennen, um Gesetze und Interessen der Konsumgesellschaft. Das Design, so glaube ich, kann dennoch eine bedeutsame Ergänzung darstellen bezüglich der ebenerwähnten Problemstellung: der möglichen Kon-

ical terms the rising tide of ordinary, unimaginative building which threatens to engulf our cities. I say all this with reference to Italy – a notoriously difficult country to work in – and other European countries, where I know that many architects, though possessed of talent, skill, intelligence and enterprise, are given very few opportunities to work.

The things I have to say about the city will be less explicit and technical because projects which address the underlying issues and problems of so extensive an organism inevitably call for a more complex, generic approach that can take account of equally complex transformations occurring over lengthy periods of time. I think no architect can feel easy when faced with the multiplicity of needs, the shifting scenarios and the sheer rate of change in today's world. Architects now have to work very hard indeed to find viable solutions to the complex problems of spatial and social organisation presented by modern cities.

My approach to architectural design can be simpler because it concerns a relationship that is both more domestic and more circumscribed, and therefore controllable. Architectural design raises issues which are directly rele-

Haus in Riva San Vitale, 1971–1973
Perspektivische Skizze

House in Riva San Vitale, 1971–1973
Perspective sketch

trolle oder Orientierung der Stadtentwicklung angesichts der immensen neuen Bedürfnisse, die neben die vorhandenen treten oder sie ersetzen. Man denke nur, was an den Peripherien aller europäischen Städte geschieht: neuer Zuzug, neue Gettos, neue Formen der Marginalisierung, die über die sozialen Auswirkungen hinaus auch das Stadtbild verändern und dessen Wahrnehmung.

Das Haus

Sprechen wir zunächst vom Haus. Ich möchte Ihnen ein Wohnhaus in Daro präsentieren, ein Ort im oberen Teil des Tessins in der Nähe der Kantonshauptstadt Bellinzona. Es ist einer meiner letzten ausgeführten Entwürfe zum Thema des Einfamilienhauses und eignet sich zur Veranschaulichung einiger Betrachtungen. Ich möchte darauf hinweisen, daß ich meine Arbeit gerade an Entwürfen von Einfamilienhäusern gelernt und vertieft habe und es immer für das wichtigste Thema eines Architekten hielt, eine Art Experimentierfeld, auf dem sich größere Projekte vorbereiten lassen.

---

vant to people's lives: we are all familiar with the way buildings are built, and the impact buildings have on the laws and interests which govern consumer society. Nevertheless, I do believe that architectural design is a significant corollary of the other issues I've just raised: the human ability to control what is built, and the city's ability to develop in response to the multiplicity of new needs which are added to or overlay existing ones. Think only of what is happening at the very gates of all our modern European cities – new population migrations, new ghettos and new forms of alienation which intersect and penetrate the urban fabric, modifying not only our forms of social organisation, but even visual perception itself.

The House

I'd like to talk first about a house I built in Daro, near Bellinzona in the upper Canton Ticino, because it's the most recent one I've built, and because it enables me to make a number of introductory points about houses and habitation. I learned my architect's trade by designing and building

Haus in Daro, Bellinzona,
1989–1992
Perspektivische Skizze

House in Daro (Bellinzona)
1989–1992
Perspective sketch

In diesem Fall – ein Wohngebäude für einen Arzt und seine Familie – war das Baugrundstück stark abschüssig. Bei derartigen Geländeverhältnissen ist offenkundig ein mehrgeschossiger Bau erforderlich. Folglich entwarf ich ein Gebäude mit einer Hauptfront zum Tal, an der alle Wohnräume liegen, während die Seitenwände, wie der Grundriß zeigt, ins Erdreich dringen und an ihrem Endpunkt, wo sich ein Treppenhaus befindet, zusammenlaufen. Es gibt nur eine große Öffnung, und zwar an der talseitigen Front. Die Raumgliederung sieht die Verteilung der einzelnen funktionalen Bereiche auf mehrere Geschosse vor. Oben befindet sich das Wohnzimmer in Duplex-Form. Es ist auf die große zentrale Öffnung ausgerichtet, durch die die Innenwände im hinteren Teil erleuchtet werden: Der Gebäudeteil, der nach dem Grundriß eigentlich der dunkelste sein müßte, weil er auf der Hangseite liegt, ist tatsächlich der hellste. Dies aufgrund des Zenitallichts und einer besonderen Treppe, die nicht nur die Stockwerke miteinander verbindet, sondern auch als Lichtschacht fungiert und die natürliche Helligkeit in seinem dreieckigen Kern vom Dach bis hinunter zum Eingang leitet. So erfährt diese Treppe eine Verwandlung, wird mehr als nur ein einfaches technisches Verbindungsglied und trägt mit ihren durchbrochenen Stufen dazu bei, daß sich das Licht ausbreitet

houses, and I've always regarded house design as the central concern of my work, a sort of laboratory which is always raising much broader problems and issues.

In this particular case, I was given the brief of building a house for a doctor and his family on a steeply sloping site. Obviously, a site of this sort calls for construction on several levels, so I designed a building with a principal valley-facing front, representing the entire house, and side walls which (as the plan shows) burrow into the hillside and converge at the staircase towards the rear of the house. The house has just one big window on the main front, and the interior space is laid out so that the functions are spread over several levels. Above you can see the duplex living area which is oriented towards the central opening and illuminates the inside walls at the rear of the house. Thus, the part of the house which, according to the plan, should be the darkest because of it being against the slope is, in fact, the lightest thanks to top lighting and a rather unusual staircase which not only links the floors, but also acts as a well, conveying light from the roof to the entrance in the triangular central core of the house. The staircase itself undergoes a transformation:

Haus in Daro, Bellinzona,
1989–1992
Die beiden oberen Geschosse mit dem Wohnzimmer bilden ein Duplex

House in Daro (Bellinzona)
1989–1992
The two upper levels with the duplex living area

kann. Die gemauerte Fassadenfront zum Tal bietet ein optisches Spiel, das zum Dekor wird: Eine mit Betonziegeln gemauerte Auskehlung sorgt für die Plastizität der Fassade und unterstreicht so, daß es sich um die Hauptfront des Gebäudes handelt. Im Gegensatz dazu sind die Seitenwände glatt und einfach gehalten und verschwinden ohne Profilierung in der Erde. Dieses Haus sucht die Beziehung zu seinem Umfeld in gewisser Weise über eine einzige Stirnseite (fast, als handle es sich um einen zweidimensionalen Bau): vom Eingang im Souterrain über die Öffnungen in seiner Mitte an den Gebäudeecken (mit den Zimmern und dem Wohnzimmer darüber) bis zur Dachverglasung, die im Obergeschoß einen Wintergarten bildet. Mit seinem kompakten Volumen antwortet dieses Wohngebäude in besonderer Weise auf die Beschaffenheit des Geländes und schlägt in einem extensiv bebauten Kontext eine bauliche Verdichtung mit mehreren Geschossen vor. Es impliziert jedoch auch ein besonderes Verständnis des Hauses. Was verstehen wir heute unter einem Haus? Welche Funktion hat es? Welchen Problemen muß sich der Architekt jenseits des technischen Entwurfs und der funktionalen Vorgaben stellen?

In meiner dreißigjährigen beruflichen Praxis habe ich etwa zwanzig Einfamilienhäuser entworfen. Wenn Auftraggeber zum Architekten gehen, zei-

although it provides straightforward linkage between floors, it is also perforated by its steps to allow more light through. The moulded concrete-block cladding of the valley façade creates an optical effect that is decorative in its own right, plainly stating that this is indeed the main frontage.

By contrast, the side walls are plain and smooth, and disappear unobtrusively into the slope. In a sense, the fact that the house has just one elevation (as if the building were two dimensional) creates the effect of a gradually developing encounter with the ground from the basement-level entrance through the intermediate corner windows (the bedrooms below and the living area higher up) to the glass roof which forms a conservatory in the upper part of the house. With its compact volume, the house is a specific response to the nature of the site, and suggests a practical multilevel typology for a densely-built area.

But it also implies a particular concept of the house. What is a house today? What role should it fulfil? What problems does the architect have to face, beyond the technical and functional requirements of the brief?

I have built some twenty detached houses over the past thirty years. When a client meets an architect, he usually shows him a site and explains

Haus in Daro, Bellinzona,
1989–1992
Grundriß, Querschnitt, Treppenhaus

House in Daro (Bellinzona)
1989–1992
Site plan, section, stairwell

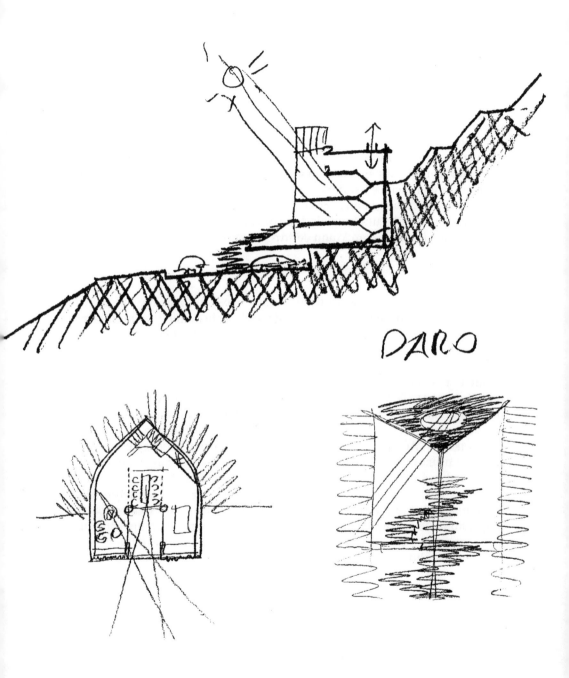

gen sie ihm normalerweise das Grundstück und sagen, welche Größe sie sich vorstellen («ich brauche Platz für mein Auto, das Wohnzimmer, das Arbeitszimmer, Schlafräume etc.»). All diese Wünsche des Auftraggebers sind nichts weiter als ein äußerer Anlaß, ein Vorwand. Tatsächlich geht es immer auch grundsätzlich um das Thema des Wohnhauses unabhängig von diesem oder jenem Auftraggeber; und die Auftraggeber repräsentieren die Menschen ihrer Zeit, sind der «historische» Vorwand für den Architekten, seine Vorstellung heutigen Wohnens umzusetzen. So wird der einzelne Auftrag zum Mittel einer allgemeineren Reflexion.

Ich halte es zum Beispiel für wichtig, daß Wohnhäuser ihre ursprüngliche Bedeutung zurückerlangen: Sie sollen sich wie das Haus Adams präsentieren und eindringlich von unserem «Schutzbedürfnis» sprechen. Noch heute sagen wir, wenn wir erschöpft sind: «Ich bin müde, ich gehe nach Hause.» Das Haus ist also im Unterbewußten der Ort geblieben, wo sich der Mensch erholen kann, wo er sich selbst findet, seine Geschichte und Erinnerung zurückgewinnt und träumen kann; der Ort, wo sich der Mensch ideell mit der Gemeinschaft verbindet und sich als Teil von ihr fühlen kann. All dies schwingt beim Thema des Hauses mit, und der Architekt ist aufgefordert, dafür immer

what he wants in quantitative terms (I need space to park my car, a living room, a study, bedrooms, etc.). Information like this offers the architect an opportunity – and a pretext – to come to grips with the *theme* of habitation, which obviously does not concern just that one owner. The client represents the person of the age and, as such, provides a "historical" pretext enabling an architect to express the concept of habitation which is current at that particular moment. The architect's specific brief therefore provides a tool for a more general intellectual exercise. For example, I think it's important that the primeval significance of the home should be restored: the home should once again be "Adam's house", in the sense that it should convey very powerfully the primal need for shelter and protection. Even today, when we feel exhausted, we say, "I'm tired, I'm going home". In our subconscious mind, the house has remained the place where we go to recharge our batteries, to feel ourselves again, to review our lives and memories, give free rein to our imagination, to re-forge conceptual and intellectual links with the community, to experience being part of a common pattern. The house, of its very nature, means all these things, and an architect is continually called upon to

neue Interpretationen zu finden. Ich halte es mit anderen Worten für legitim, einem Klienten, der mich um ein «Programm» für funktionale und räumliche Gliederung bittet, einen Entwurf anzubieten, der die ursprüngliche Schutzfunktion des Hauses evoziert. Andererseits ist es ebenso wichtig, darauf hinzuweisen, daß sich der Innenraum in den Außenraum verlängern sollte (der Ausgang der Höhle). Es ist das eigentliche Ziel des Architekten, dem Wohngebäude diese Qualitäten zurückzugeben.

Walter Benjamin sprach vom Haus als Idee von Heimat, als Zufluchtsstätte für beständige und kollektive Werte, die den bloßen Nutzwert übersteigen. Ich glaube, es ist wichtig, diese Werte des Wohnens zurückzugewinnen; der Entwurf sollte eine Reihe von räumlichen Beziehungen nahelegen, die diesen «Rechten» zur Geltung verhelfen können.

Das beginnt bereits beim Keller, der Sohle, dem «Fuß» des Wohngebäudes. Eine gute Architektur legt Wert auf eine solide und feste Basis, denn in ihr ist das schützende Haus schließlich verankert. Von hier aus kommt auch den Seitenwänden besonderes Gewicht zu: Sie sind es, die den Innen- vom Außenraum trennen, und sie sollten wie Schutzwände wirken. Der Raum wird auf diese Weise zum Mikrokosmos zwischen Himmel und Erde und be-

interpret them in new ways. In other words, I think that when a client asks me for a "functional, fluent design", I can legitimately respond with something that evokes the primary function of protection and shelter. On the other hand, it is equally important to satisfy the need to communicate by ensuring that the interior space projects outwards to the exterior (the mouth of the cave). The architect's real task is to reinstate these values in the home.

Walter Benjamin likened the home to one's native country when he said that it is a refuge for permanent, shared values which transcend immediate practical needs and concerns. I think it's important to reappropriate all these values, to assert the "right of abode" in one's home(land), and then use architecture to create spatial sequences and relationships that consolidate these rights and values.

Consider, for example, the soil itself, the place where a human dwelling sets its foot firmly on the ground. Any good building needs a strong support because protection is literally grounded in this feeling of solid support. With solid ground under your feet, you are in a position to appreciate the second most important feature of the house, the lateral wall which creates living

zieht auch den Makrokosmos ein (Horizont, Sonnenzyklus, Mond, Sterne), der zum lebendigen Bestandteil des Hauses wird. Warum den Menschen diese Möglichkeit der Teilhabe und Inanspruchnahme vorenthalten? Es ist wohltuend, in Harmonie und im Dialog mit den Elementen zu leben und den umbauten Raum in beständiger Wechselwirkung mit dem Außenraum zu erfahren. In dieser Hinsicht bedeutet der Entwurf eines Hauses den Versuch, die gewünschten Flächen in Räume zu verwandeln, die mit den äußeren Elementen in einen Dialog treten können. Das Wohnen gewinnt so seine tiefste Bedeutung zurück und die Kunst des Bauens kann zum Mittel gegen die Banalisierung werden, die häufig den Kontext prägt. Das Urbedürfnis des Wohnens ist also ein grundlegender Aspekt des Lebens und hat zunächst nichts mit Konsum oder Status zu tun. Bauen kann daher zu einem fundamentalen Akt werden, Ausdruck eines dem Menschen innewohnenden Bedürfnisses, einen natürlichen in einen kulturellen Zustand zu verwandeln.

space by separating the interior from the exterior. A wall is a fine thing indeed if it gives you the feeling of being protected. In this way, interior living space becomes a microcosm between the earth and the sky, so that features of the cosmos like the horizon, the solar cycle, the moon and the stars play an active role in the life of the house. Why deny people the possibility of experiencing and benefiting from these things? It's enjoyable to feel that you relate harmoniously to the world, that the constructed space you inhabit bears a permanent relationship to things in the outside world. In this way, the profounder significance of habitation is reinstated, and the act of building helps to stem the rising tide of ugliness and ordinariness. The primary needs of habitation again become central features of human life and experience, rather than status symbols or consumer goods. Building a house is once more a fundamental act, an expression of humankind's profoundest need, which is to transform a given physical situation into a mediated cultural one.

Vom Haus zur Wohnanlage

Wohnhäuser mit moderaten Mieten werden «Sozialwohnungen» genannt, ein Wort, das mir nicht gefällt. Ich bin der Meinung, daß Wohnen wie das Atmen ein Urbedürfnis und Naturrecht des Menschen ist und halte Klassifikationen wie «Sozial-» oder «Luxuswohnungen» daher für unsinnig. Es handelt sich um Wohnungen, die zum Teil mit staatlichen Mitteln errichtet werden (d.h. mit Mitteln der Gemeinschaft), um auch jenen, die nur über wenig Geld verfügen, eine menschenwürdige Wohnung zu bieten. In einem Aufsatz in der Zeitschrift «Micromega», um den mich Paolo Flores d'Arcais bat, habe ich die Auffassung vertreten, daß die Armen in unserer Gesellschaft von den Architekten in doppelter Weise bestraft werden: zuerst, weil ihnen oft eine Wohnung verweigert wird und dann, weil die Wohnung, die sie bekommen, häßlich ist. Leider akzeptieren wir Architekten häufig unkritisch diese Zustände: Mit einer Art Zynismus akzeptieren wir die Häßlichkeit, als wäre sie unvermeidlich. Wir wenden uns nicht energisch genug gegen die extrem schlechte Qualität vieler Häuser, in denen sicher kein Architekt je wohnen wollte.

From House to Neighbourhood

Low-rent apartment blocks are usually referred to as "popular housing", an ugly term which I don't particularly like. I believe that being able to live in a home is our human birthright, so it seems stupid to categorise, or attach adjectives like "popular" or "luxury", to what is in fact a primary need. "Popular housing" means dwellings which are subsidised by the state (and therefore by the community) so that people of limited financial resources can live in decent homes. Encouraged by Paolo Flores d'Arcais, I once said in an article in *Micromega* that financially disadvantaged people in our society are penalised twice by architects – first when they are denied homes, and then when the homes they are given are ugly. Unfortunately, we architects often unthinkingly accept this state of affairs. With a kind of cynicism, we accept ugliness as inevitable, and make less fuss than we should over the fact that many homes are very shoddy indeed, so shoddy in fact that certainly no architect would ever go and live in one. In my view, this is another issue we architects must think seriously about. Either we accept that

Dies ist, so meine ich, ein weiteres der großen Probleme, über die wir nachdenken müssen: Entweder wir akzeptieren, daß die Architektur in einer idealen Sphäre abgehoben über den Menschen schwebt, oder wir räumen ein, daß sie sich ihrem Wesen nach in der geschichtlichen und sozialen Realität verankern und nach Alternativen suchen muß. In Novazzano (einem Dorf im südlichen Tessin in der Nähe von Chiasso) habe ich versucht, bei einem Komplex für etwa hundert Wohnungen meine Erfahrungen mit Einfamilienhäusern auf ein größeres Gebäude zu übertragen. Der Wohnbau besteht aus einem U-förmigen Volumen auf dem höheren Teil des Grundstücks, das um einen Steinplatz angelegt ist, unter dem sich Parkplätze befinden, sowie zwei längeren Bauten, die sich zum Tal öffnen und einen grünen Platz im unteren Teil des Grundstücks begrenzen.

Bei diesem Gebäude-Ensemble tauchen auch einige Gestaltungselemente auf (wie die Loggien oben, die überdachten Säulengänge oder die zurückgesetzten Terrassen), mit denen ich bereits bei meinen Einfamilienhäusern experimentiert hatte. Zunächst wollte ich die Volumina aus Backstein bauen lassen, aber dies war aus finanziellen Gründen nicht möglich. Bei diesem Bau setzte ich also zum erstenmal Farben ein (bis dahin hatte ich immer in

---

Architecture with a capital A passes over people's heads and belongs to the purely intellectual domain, or we believe that, by definition, it should engage with historical and social reality by trying to suggest alternative modes of habitation.

When I built a housing complex of around a hundred apartments in Novazzano, a village near Chiasso in the lower Canton Ticino, I tried to translate my experience of building detached houses into a collective housing scheme. The complex consists of a U-shaped apartment block on the upper part of the site, built around a "rock" plaza with an underground car park, and, below it, two wings extending downhill on either side of a "green" plaza.

I had already used some of the design features of these condominium apartments (top-floor loggias, covered porticoes, terraces set back in the façades) in projects for detached houses. My original intention was to use brick, but this proved impossible for economic reasons so I had to learn how to use colour for the first time (previously I had always worked in "black and white"). I chose salmon pink for the outer façades, ochre for the recessed volumes, and blue for the intermediate service areas, in an attempt to ensure

Wohnkomplex in Novazzano, Chiasso,
1988–1992
Perspektivische Skizze
Die modulartigen Baukörper am Steinplatz

Housing complex in Novazzano (Chiasso)
1988–1992
Perspective sketch
Modular units facing the "rock" plaza

«Schwarzweiß» gearbeitet). Ich entschied mich für Lachsrosa bei den Außenwänden, Ockergelb für die zurückgesetzten Volumina und Blau für die Durchgangs-Bereiche dazwischen. Mein Ziel war es dabei, dem von Architekten so sehr vernachlässigten gemeinschaftlichen Wohnhaus eine würdevolle Gliederung zu verleihen.

Es würde zu weit führen, hier auf den sehr differenzierten Zuschnitt der Wohnungen einzugehen. Ich habe dieses Beispiel jedoch angeführt, um ein Übergangswerk zwischen der Dimension des individuellen und jener des kollektiven Wohnhauses zu illustrieren. In diesem Fall (die Wohnungen mußten festgelegten Ausmaßen und Standards entsprechen) blieb die Gestaltungsmöglichkeit des Innenraums beschränkt. Gestaltungsfreiheit bot sich dagegen in den Übergangsbereichen zwischen Innen und Außen bei der Anlage von Laubengängen und Loggien, die keinen Beschränkungen durch die Bauordnung unterlagen.

that, for once, a popular housing project – a theme which architects so often ignore – would at last achieve dignified organisational status.

I won't attempt a typological description of the apartments, which would be a very complex undertaking. My purpose in citing this example is to illustrate the kind of project that marks a halfway stage between individual and collective housing design. In this particular case, the size and constructional standard of the apartments were fixed beforehand, so I was given little scope for freedom of expression inside the buildings. I tried instead to do as much as I could with the transitional spaces between interior and exterior, and the positioning of the porticoes and loggias, which the planning authorities had been unable to tie down with their building restrictions.

44 Wohnkomplex in Novazzano, Chiasso, 1988–1992
Die Seitenfronten zeigen den Wechsel von geschlossenen und offenen Gebäudeteilen: oben Loggien, Terrassen sowie Säulengänge im Erdgeschoß

Housing complex in Novazzano (Chiasso) 1988–1992
The lateral fronts repeat the alternation of solids and voids with upper-storey loggias, terraces and ground-level porticoes

Vom Haus zum Gebäudekomplex

Das große Wohngebäude gewinnt im städtischen Kontext einen stark gemeinschaftlichen Charakter. Wie etwa das Gebäude in Bellinzona an der Via Nizzola, die zur Altstadt führt und von einigen, von einem Park umgebenen Villen aus diesem Jahrhundert gesäumt ist. Der heutige Bebauungsplan sieht dagegen eine Verdichtung mit Volumina vor, die sich zwischen diese Wohnhäuser schieben. Ich entschied mich für eine andere Lösung, die in diesem Fall von einer genauen Lektüre des Stadtbildes bestimmt war. Um die Wirkung der vorhandenen Wohnhäuser und des Parks nicht zu beeinträchtigen, ist das neue Gebäude (das in einer komplexen Anlage Büros und Wohnungen zusammenfaßt) zurückgesetzt. So bleibt der Bereich direkt entlang der Straße unbebaut und der Charakter der vorhandenen Häuser erhalten.

Das Gebäude hat also keine im vorhinein festgelegte Form; vielmehr reagiert der Entwurf im Gegenteil auf die Erfordernisse der Stadt: Das einheitliche Quadervolumen ist aufgebrochen, um einen Fußgängerweg zum Quartier hinter dem Gebäude und der Hauptstraße zu schaffen, wo eine Schule liegt. Diese Gegebenheiten bestimmten die Architektursprache und die äußere

From House to Mixed Building

In an urban setting, a residential building in effect becomes a public building. My building in Via Nizzola in Bellinzona (Canton Ticino) is sited on the road leading to the old centre, where there are also a number of early twentieth-century detached houses set in parkland. The local redevelopment scheme wreaks havoc with this typology by permitting intensive development in the spaces between the existing houses. I set out to do something rather different, based on the typology suggested to me by my reading of the town as a whole. To safeguard the existing houses and their surrounding parkland, I sited the new building – a complex, heterogeneous design of offices and apartments – well back towards the existing built-up area to the rear. This avoided building along the road axis, thereby preserving the existing early twentieth-century typology.

So the building wasn't built to an established model or recognised typology. On the contrary, it was the necessity of respecting the wider needs of the

Gebäude in der Via Nizzola, Bellinzona, 1988–1991
Zuschnitt des Primärvolumens

Building in Via Nizzola, Bellinzona
1988–1991
The main volume with a large cut-out section

Wirkung des Komplexes, der andernfalls ja auch als schlichtes Volumen hätte gestaltet werden können (Voraussetzung dafür wäre eine andere Stadtplanung gewesen, die der Stadt eine Form gegeben hätte; mit der heutigen Fragmentarisierung städtischer Räume war diese Lösung nicht mehr möglich).

Die Architektur muß heute eine neue Aufgabe übernehmen und der Komplexität der Stadt mit ihrer Ausdruckssprache und ihren eigenen Mitteln begegnen. Sie muß der neuen Anforderung gerecht werden, unterschiedliche Teile der Stadt in Beziehung zu setzen, eine Aufgabe, die stadtplanerisch heute nicht mehr bewältigt wird. Es ist allgemein bekannt, daß Bebauungspläne heute bereits veraltet sind, wenn sie verabschiedet werden und Ordnungsschemata bemühen, die zumeist der Vergangenheit angehören; so bleiben durch grobe Vorgaben ganze Teile des Planungsgebietes ohne Gestaltung und müssen von Mal zu Mal verändert werden. Der Architekt muß darauf achten, auch den Restflächen eine Gestaltung zu geben, damit städtische Leeräume zu wirklichen Plätzen werden und bebaute Areale eine «Form» erhalten.

Nehmen wir als Beispiele zwei andere problematische Fälle von Stadtbebauung. Es gibt ein Bild der Stadt, das in seiner negativen Konnotation bedeutsam ist: die urbane Peripherie. Zum Beispiel ein Viertel aus diesem Jahr-

town which gave me the idea of cutting a section out of the parallelepiped volume of the building to create a pedestrian link between the area behind and the main road, where there is a school. This decision had a direct impact on the architecture and image of the building, and persuaded me to rethink the simple, single-volume typology which was valid enough when planning schemes were able to shape how towns develop, but is untenable in today's fragmented urban spaces.

Architecture now has to take on the task of coming to terms with the complexity of modern cities using its own unique language and tools. It has to find a way of meeting the new need of interrelating existing parts of the city, a task which planners are no longer able to perform on their own. As everyone knows, redevelopment plans are already out of date by the time they are published. The organisational models they are based on almost always belong to the past, and are so general and approximate that they ignore entire areas of the city, which later have to be taken in hand and put right. For the architect, this means working to ensure that left-over space becomes designed space once again, that urban voids become genuine city squares, that

48 Gebäude in der Via Nizzola, Bellinzona, 1988–1991
Anlage des neuen Gebäudes mit seinem Hauptvolumen, perspektivische Verkürzung und räumliche Beziehungen

Building in Via Nizzola, Bellinzona 1988–1991
The site of the new building showing the main volume, visual angles and spatial relationships

hundert am Viganello-Hügel in Lugano (eindeutig nicht Medellín oder Bogotá): Hier ist alles versammelt, was die Stadtplanung der letzten zwanzig, dreißig Jahre vermochte oder auch nicht vermochte, eine Ballung von Neubauten, die für sich genommen sogar eine gewisse Würde haben, aber in ihrer Gesamtheit das ganze Elend einer chaotischen und undifferenzierten Stadtbebauung zeigen. Es sind siebengeschossige Volumina, die sich auf dem Gebiet verdichten und nur durch ihre gegeneinandergestellten Fassadenfronten aufeinander bezogen sind (sofern man hier überhaupt von einer räumlichen Bezugnahme sprechen kann).

Ich wurde damit beauftragt, in diesem Kontext ein weiteres Gebäude an der Via Ciani zu errichten. Ich entschied mich für einen runden Grundriß, um den unterschiedlichen funktionalen Anforderungen (Wohn-, Büro- und Geschäftsgebäude) zu entsprechen, ein Ansatz, der vielleicht eher für einen isolierten Komplex als für eine strukturierte Stadtlandschaft geeignet ist. Das Ergebnis ist ein Turmbau, der sich der Logik des urbanen Gebäudeblocks entzieht und statt dessen eine Beziehung zur Baumreihe entlang des Flusses sucht. Das Gebäude tritt mit dem unmittelbaren Kontext allenfalls durch seine Kontrastwirkung in einen Dialog. In gewissem Sinn entfremdet sich das

newly-built components become designed features of the city. Let us look at two other examples of the problems created by chaotic urban development.

City outskirts and urban fringes are powerful and evocative images of negative urban development. In Lugano – which obviously isn't Medellín or Bogotá – an area of twentieth-century construction on the Viganello Hill behind the city is a compendium of just about everything which "planning" has been capable of over the past twenty or thirty years, i.e. an accumulation of new buildings which individually have a certain architectural dignity, but which collectively are as bleak and uninviting as anything which chaotic, unprincipled urban expansion is capable of achieving. The seven-storey buildings which crowd the area relate to each other – if one can properly speak of spatial relationships in such cases – merely as opposing and opposite façades. I was asked to add another building to this fabric in Via Ciani, and I opted for a circular plan. The building's mixed function (shops, offices, apartments) was another argument in favour of this typology, which is perhaps more appropriate to an isolated settlement rather than a structured urban fabric. The result is a building – a tower – which rejects the logic of the block

Gebäude in der Via Ciani, Lugano, 1986–1990
Perspektivische Skizze

Building in Via Ciani, Lugano 1986–1990
Perspective sketch

Gebäude seiner Umgebung, um der Verflachung der umliegenden Stadtlandschaft zu «widerstehen». Auch die Wahl des Materials ergab sich aus diesem Ansatz. Es erschien mir wichtig, ein «starkes» Material (voller Erinnerungen und «Gravitationskraft») als Alternative zu den (leichten und ephemeren) Materialien der anderen Gebäude einzusetzen. Der Backstein wirkt durch verschiedene Schichtung zweifarbig, während die zurückgesetzte Verfugung (mit Unterstützung des Schattens) den Mauern Mächtigkeit und Stärke verleiht. Das oberste Geschoß (wo sich mein Büro befindet) läßt etwas von dem Bedürfnis spüren, die Primärform des Gebäudes wiederherzustellen: Hier kontrastiert die Dachkrone mit dem Horizont und die Volumina werden wuchtiger und treten deutlicher hervor. Analog sind die Teile gestaltet, die den Boden berühren (wo das Gesetz der Schwerkraft in den Vordergrund tritt): Die Mauer wirkt kraftvoll und bedeutsam, und dies um so mehr, als sie durch einen Bogen, der die Auflagerkräfte trägt, zur Erde geführt wird.

Die nach oben größere Geschlossenheit des Volumens wird durch die Dachverglasung ausgeglichen. Sie charakterisiert den Innenraum, der jeden Tag ein etwas anderes Licht zeigt und so zu einer Art Sonnenuhr wird.

---

it stands on because it relates instead to the green line of trees along the river, and shuns contact with the surrounding urban fabric, except for purposes of visual comparison and contrast. In a sense, it alienates itself from its context in order to resist the deadening effect of the surrounding uniformity. My choice of materials was also a consequence of this approach. It seemed important to choose a strong material (steeped in memories and *gravitas*) that would be distinctively different from the materials (light and ephemeral) of the surrounding buildings. Laying brick in a variety of patterns can create a two-tone effect, while recessing the mortar joins behind the front line of the bricks (which are thus highlighted by shadow) gives the wall a powerful, solid appearance. Visually, the top floor (where I have my office) is designed to reinforce the primary form of the building by offsetting the crown of the roof against the horizon so that the volumes become more evident and distinctive. Similarly, it is the parts of the building which make contact with the ground – where the force of gravity is most evident – that give the wall its expressive power and meaning. So much so, in fact, that the brickwork is "earthed" by the arch which transmits the load of the wall to the ground.

Gebäude in der Via Ciani, Lugano, 1986–1990
Das zylindrische Volumen des Gebäudes findet im Dachgeschoß zu seiner Geschlossenheit zurück
Der Bogen trägt das Gewicht der Außenmauer
Der Brückengang im Obergeschoß bietet den Räumen des Rundbaus Orientierung

Building in Via Ciani, Lugano 1986–1990
The cyclindrical volume of the building is reinstated at roof level
An arch transmits the weight of the wall to the ground
The catwalk on the top floor is a direction marker inside the circular interior

Ich halte es für wichtig, in einem Rundbau eine lineare und gerichtete Form vorzusehen, um die Orientierung zu erleichtern. Die Kreisfigur ist eine elementare, schlichte und erlesene Figur. Damit sie sich jedoch in einen Raum verwandelt und angenommen wird, braucht sie Bezugspunkte, räumliche Zeichen, die sichtbar mit ihr kontrastieren. Um hier diese Wirkung zu erreichen, habe ich im Zylinder eine schwebende Brücke als lineare Achse angelegt, die eine genaue Orientierung ermöglicht.

Ein weiteres Gebäude, bei dem die Beziehung von Architektur und Stadt eine Rolle spielt, befindet sich ebenfalls in Lugano. Ich wurde mit dem Entwurf eines Wohn- und Bürogebäudes am Luganer See betraut, dem «Centro Cinque Continenti», das im Verhältnis zu den Fronten der Hotels des späten 19. und beginnenden 20. Jahrhunderts direkt am See zurückgesetzt auf dem Gelände eines ehemaligen Hotelparks errichtet werden sollte. Als ich den Auftrag erhielt, war mir sofort klar, daß es nicht gut wäre, das neue Gebäude direkt an die kleine Straße zu setzen, die in zweiter Reihe an der hinteren Grundstücksgrenze verläuft und im Verhältnis zur Uferpromenade nur eine kleine Zufahrtsstraße ist, denn sie hätte auf diese Weise eine urbane Würde erhalten, die ihr nicht zukommt. Mir kam der Gedanke, daß es vielleicht

The absence of windows in the upper part of the building enhances the impact of the top lighting, which inside the building is configured as a sundial characterising and defining the workspace with different qualities of light each day.

With a circular plan, I think it's important to insert a directional linear form so that people can get their bearings in an environment which otherwise seems to deny linearity. The circle is an elementary geometrical figure, simple but delicate. To become a viable space it needs points of reference, spatial signs which contradict circularity and enable it to be assimilated visually. To achieve this effect in a cylindrical volume, I inserted a catwalk bridge whose linear axis enables people to get their exact bearings in space.

Another project of mine, again in Lugano, illustrates the relationship between architecture and the city. I was commissioned to build an office and apartment building on a site set back from the lakefront promenade lined with big hotels built at the turn of the century. The Five Continents Centre was to be built on what was once a hotel garden. When I received the commission, I knew straightaway what I *shouldn't* do on a site like that: by *not*

Centro Cinque Continenti in Lugano-Paradiso, 1986–1992
Perspektivische Skizze

*Five Continents Centre, Lugano-Paradiso
1986–1992
Perspective sketch*

möglich wäre, statt das Gebäude in der Stadt zu errichten, die Stadt gewissermaßen «ins Gebäude zu holen». Daher kehrte ich die Gebäudeteile um: Statt eines geschlossenen entwarf ich ein offenes Volumen, so daß das Bild der Stadt als Prospekt in das Gebäude einging. Die Umfassungsmauern bilden eine Außenhülle, welche die Räume der einzelnen funktionalen Bereiche umschließt und einen quadratischen Innenhof formt: kurz, ein Haus im Haus, das aufwendig mit Glasbetonziegeln gemauert ist, um den öffentlichen Gebäudeteil mit dem Gangsystem deutlich zu markieren.

Industriegebäude

Mit einem anderen Gebäude habe ich mich in jüngster Zeit dem Thema des Fabrikbaus zugewendet, das von der zeitgenössischen Kultur vernachlässigt wird. Das Gebäude befindet sich in Verbania (Italien): Es handelt sich um eine Fabrikhalle der Firma Thermoselect für eine Maschinenanlage zur thermischen Abfallaufbereitung. Das Projekt war in kürzester Zeit zu verwirklichen und erforderte eine Metallkonstruktion, um einen möglichst großen Innenraum zu gewinnen: eine Art Galerie, oder, wenn man so will, eine Über-

aligning the building with the small back road running parallel the lakefront promenade, I would be able to confer some measure of dignity on what, in functional terms, was merely a service road for the promenade. Having decided this, I also wondered if, instead of putting a building in the city, it mightn't be possible to put the city in the building, so I tried swapping everything around. Instead of a "solid" I designed a "void" so that the image of the city could be incorporated in the building as a backdrop. The brick perimeter wall forms an outer shell which encloses the functional space within, while also delineating a square central court. The result is a house within a house, ennobled with glass blocks to identify the public domain of the circulation areas.

Industrial Buildings

Another building of mine in Verbania (Italy) explores the theme of the factory, which is often overlooked by contemporary society. The building, which is

Centro Cinque Continenti in Lugano-Paradiso, 1986–1992
Das Gebäude (aus Glasbeton) im Inneren des Gebäudes (aus Backstein)
Lage des Gebäudes am See

Five Continents Centre, Lugano-Paradiso 1986–1992
The house (glass blocks) within the house (brick)
The siting of the building in relation to the lake

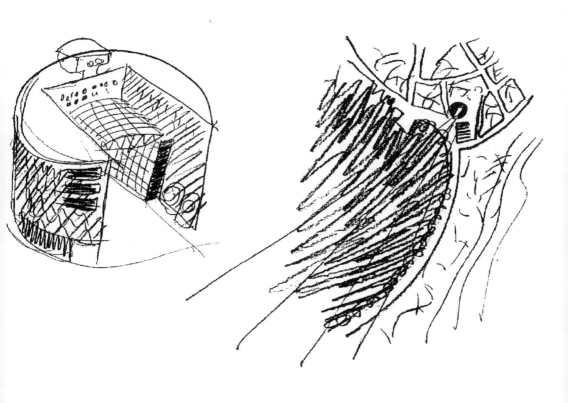

bauung, die einem Bahnhof ähnelt. Das Gebäude gliedert sich in den zentralen Teil mit den Büros sowie zwei Seitenschiffe. Diese bieten die Räume für die Maschinen und notwendigen Anlagen. Der Entwurf will zeigen, daß man durchaus «technologische» Architektur entwerfen kann, ohne der «High-Tech-»Mode zu verfallen. Jedes Element der Konstruktion erfüllt eine tragende Funktion, fängt Zug- oder Auflagerkräfte auf, jedoch ohne die rhetorische Überfrachtung, die wir häufig bei jüngeren «High-Tech-»Bauten finden. Bauen ist im wesentlichen eine einfache Tätigkeit, die darin besteht, statische Belastungen ins Gleichgewicht zu bringen. Ich finde es wichtig, daß solche großen Dächer schön anzusehen sind. Sie sollten mit dem ganzen verfügbaren baulichen Können entworfen werden, das wir natürlich nicht erfunden haben, für das wir jedoch einen zeitgemäßen Ausdruck finden müssen. Von innen sieht man die durchsichtigen Dachflächen, die so geneigt sind, daß im Zentrum genügend Raum für die Montage der Abfallaufbereitungsmaschinen entsteht. Es handelt sich also um eine «technologische» Hülle für eine Maschinenanlage. Wir Architekten sollten solche Themen aufgreifen, wenn wir nicht wollen, daß unsere Industriegebiete teilweise oder gänzlich ohne architektonische Gestaltung bleiben.

basically an envelope to house the refuse incineration and disposal plant of the Thermoselect company, was designed and built very quickly using a metal frame construction to accommodate the large spaces needed inside. The result is a sort of arcade or railway station canopy divided into a central office section with two side naves providing space for machinery and plant.

This project shows that you can design a technological building without having to be fashionably high-tech. Each construction component has a specific static function – some parts work by gravity, others by stress – but avoids the kind of rhetoric you often find in recent high-tech designs. Building is an essentially simple activity: basically, it involves conveying to the ground the force which gravity exerts on structures. I think it's important that big roof structures like these should look good, and employ constructional skills which we certainly haven't invented, but have to interpret in keeping with the sensibility of our age. Inside, you can see the translucent roof sheets which slope to allow assembly of the machinery in the centre. Essentially, buildings like these are a technological clothing for machinery, a form of architecture which we would do well to take seriously if we wish to avoid the complete

Thermoselect in Fondotoce-Verbania,
1991
Metallkonstruktionen prägen das Gesamtbild
Stirnseite

Thermoselect plant, Fondotoce (Verbania)
1991
Metal frames create the image of the building
Front elevation

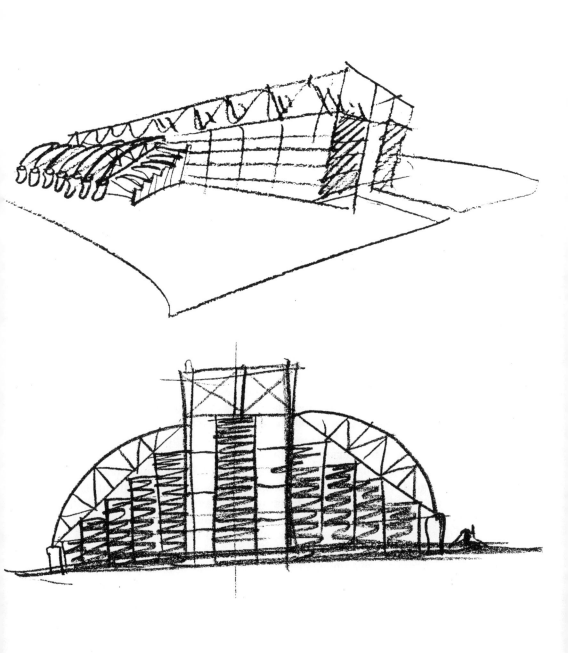

An dieser Stelle möchte ich noch auf einen anderen Entwurf hinweisen, der chronologisch vor der eben beschriebenen Industrieanlage in Verbania liegt. Auch ein Architekt, der sich normalerweise mit Mauern befaßt, kann seine Freude an sogenannten «leichten» Konstruktionen aus Metall haben. Hier handelt es sich um eine Zeltkonstruktion, also um einen kurzlebigen Bau, der 1991 anläßlich der 700-Jahrfeier der Schweizerischen Eidgenossenschaft errichtet wurde. Gewünscht wurde der Entwurf eines Amphitheaterraums für unterschiedliche Veranstaltungen (Konzerte, Versammlungen, Aufführungen etc.), der sich abbauen und an anderen (landschaftlich unterschiedlichen) Orten wieder aufbauen ließe. Ich wollte bei diesem «ephemeren» Thema herausfinden, wie eine zwar provisorische, aber formal «ausdrucksstarke» Konstruktion zum Kontra- und Bezugspunkt der jeweiligen Landschaft werden konnte, in die sie gesetzt wurde. Architektur schafft Bilder, die mit der Landschaft in Dialog treten, um die verschiedenen Topographien und Landschaften zu kontrastieren und so deutlicher zutage treten zu lassen. So kann man erleben, daß ein Entwurf im Modell plump aussieht, in der Landschaft jedoch schlank und außergewöhnlich wirkt.

exclusion of industrial areas (and even entire industrial sectors) from building programmes.

At this point I'd like to cite another project which predates the factory in Verbania because it shows that even an architect who builds walls can have fun with "lightweight" metal structures. This one was a temporary tent structure built in 1991 to celebrate the 700th anniversary of the Swiss Confederation. The brief was to create an amphitheatre for events like concerts, assemblies, shows, etc. which could be taken down, transported and reassembled in a variety of settings. I was keen to try an "ephemeral" project of this sort to see to what extent a temporary though formally distinctive structure could both offset and reinterpret an existing geographical situation. Architecture needs an image if it is to relate to landscape by offsetting and highlighting its existing contours and features. A structure which seems clumsy as a model can be strikingly effective when viewed in its intended physical setting.

In order to convince the politicians to go ahead with the project, I did a photomontage. Technical considerations apart, I was interested to see what would happen when a new image like this – literally, a sign of our times – was

Festzelt für die 700-Jahrfeier der Schweizerischen Eidgenossenschaft, 1989–1991

Tent structure marking the 700th anniversary of the Swiss Confederation 1989–1991

Um die Verantwortlichen zu bewegen, das Projekt zu realisieren, habe ich eine Fotomontage angefertigt: Von der technischen Seite abgesehen war es für mich dabei auch interessant, ein neues Bild, ein Zeichen unserer Zeit in verschiedene Landschaften verpflanzt zu sehen. Der erste Standort war die mittelalterliche Burg von Bellinzona. Die Montage des Zeltes, das einer Spinne ähnelt, deren Beine aus kreisförmigen, an drei Stellen zusammenlaufenden Gerüstbögen bestehen, ist recht ungewöhnlich: Ein hydraulisches System drückt das Gestänge nach oben, bis es sein statisches Gleichgewicht erreicht. Das aufgebaute Zelt paßte aufgrund der räumlichen und visuellen Beziehungen zwischen den vorhandenen Gebäuden und der neuen Konstruktion hervorragend in den Hof der mittelalterlichen Burg und ließ mit seiner Form (das Zelt als in den Hof gefallene Mondkapsel) die Burg in einem ganz neuen Licht erscheinen. Die Besucher, die Gefallen am Zelt fanden, konnten so zugleich die alte Feste für sich entdecken und ein neues Interesse für ein heute obsoletes Bauwerk entwickeln.

placed in a variety of different settings. The first was to be the medieval castle in Bellinzona. The tent structure – it looks like a spider whose legs are round, arched ribs jointed in three places – was erected in a rather curious way using a hydraulic system to raise the structure until it achieved static equilibrium. When assembled in the castle courtyard, the tent immediately attracted interest because of the spatial and visual relationship it established with the existing buildings. It looked like a lunar module that had landed in the courtyard, encouraging visitors to see the old castle in a new way and revise their opinions about a form of architecture that had previously seemed outmoded.

Festzelt für die 700-Jahrfeier der Schweizerischen Eidgenossenschaft, 1989–1991
Die neue Form kontrastiert mit dem historischen Bauwerk
Montagesystem der Metallgerüstbögen
Weil die Gerüstbögen nach außen gesetzt sind, entsteht innen ein maximaler Freiraum

Tent structure marking the 700th anniversary of the Swiss Confederation, 1989–1991
The new tent structure contrasts with the medieval castle buildings
The assembly of the metal rib frame
The external ribs leave the interior space totally unencumbered

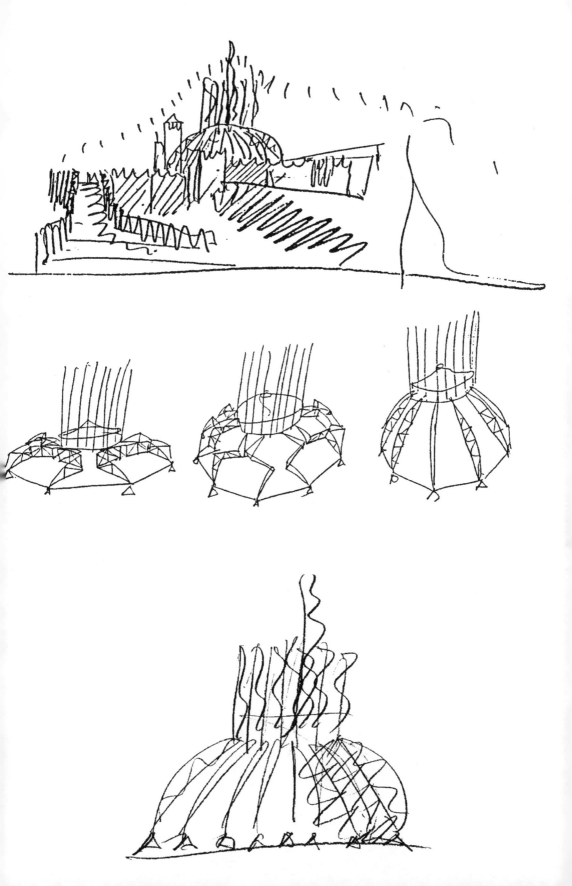

Kirchen und Museen

Für ein Viertel in Pordenone (Italien) entwarf ich eine Kirche, die sich angesichts ihres Kontextes anscheinend nur als isoliertes Gebäude realisieren ließ. Mit einem um das Gebäude laufenden Sockel, auf dem sich der konische Kirchensaal erhebt, versuchte ich daher von Anfang an, ein urbanes Element zu schaffen, das in direktem Bezug zu den umliegenden Räumen steht. Dieser Sockelstreifen bildet einen Säulengang, der den Eingang des vor der Kirche gelegenen Kreuzgangs bildet sowie zu den Seitenräumen um den zentralen Kegel führt. Er soll eine Art «bauliche Krone» sein und dieses Areal, das vormals ein offenes Vorstadtgrundstück war, in einen urbanen Raum verwandeln. So entsteht ein Filter, ein architektonisch gestalteter Übergangsbereich, der sein städtisches Umfeld einbindet. An der Seite der Apsis der Kirche ändert sich jedoch die Formensprache: Hier verläuft ein Bach, und entlang seines schmalen grünen Uferstreifens wird die Apsis zu einem wuchtigen Volumen, das sich der Topographie des Ortes entgegenstemmt.

Das Kirchengebäude in Pordenone ist mit seinen Pfeilern und Betonwänden, die von den tüchtigen Maurern Friauls mit Backstein verkleidet wurden,

Churches and Museums

The site of the local parish church I was asked to build in Pordenone (Italy) might have suggested an isolated construction essentially unrelated to its setting, but right from the start I envisaged a perimeter base plinth with the conical body of the church soaring above it. This made the plinth a constructed feature of the urban landscape, related directly to the surrounding spaces by a portico accessing the cloister in front of the church, and the lateral service areas around the central cone. The plinth is, therefore, a "constructed" crown which integrates a previously open suburban site into the more general urban design by acting as both a filter, a transitional space and an architectural feature. However, the language changes in the area of the apse, where a stream runs along a small grassy bank. Here the apse becomes a powerful element of contrast with the topography of the site.

The church is built very simply, with concrete pillars and panels clad in brick by the skilled bricklayers of the Friuli region. The main space is conical, rising to a skylight at its apex. The sloping floor has a smooth stone terrazzo

Kirche in Pordenone,
1987–1992
Innenansicht des Kreuzgangs

Church in Pordenone
1987–1992
The cloister

sehr schlicht gehalten. Der Kirchensaal besteht aus dem kegelförmigen Raum, der sich bis zum verglasten Dach hochzieht. Der geneigte Fußboden zeigt eine glatte Fläche mit einem Mosaik aus Steinintarsia, die Kuppel (oder besser, der Kegel, der vom Sockel bis zum Dach reicht) besteht aus Backstein. Der Fußboden ist hart und spiegelnd, die Mauerfläche des Kegels porös und schallabsorbierend.

Der Monte Tamaro, eine 1500 Meter hohe Wasserscheide nördlich von Lugano, ist nur mit der Kabinenbahn zu erreichen. Der Eigentümer der dortigen Seilbahnen bat mich, auf dem Berg eine Votivkapelle zum Gedächtnis an seine Frau zu entwerfen, die zugleich einen landschaftsprägenden baulichen Akzent setzen sollte. Neben der funktionalen Aufgabe, einen Kirchenbau zu schaffen, bestand also die Erwartung, daß der Entwurf den Berg selbst zum Gegenstand macht und ein neues Ausflugsziel und einen neuen Attraktionspunkt schafft. Die Schwierigkeit bei diesem Projekt bestand in der Wahl des Standortes. Wenn man einen ganzen Berg und einen freien Horizont zu Verfügung hat, wo es keine Eigentumsgrenzen gibt und das gesamte Gelände potentiell verfügbar ist, ist es sehr schwer, den genauen Ort für ein neues Gebäude festzulegen. Zunächst dachte ich daran, die Kirche an den Hang zu setzen.

finish, while the dome (or rather cone) is made of brick. Thus, the floor is hard and reverberant, while the cone brickwork is porous and sound-absorbent.

Another of my churches is 1500 metres up on the ridge of Monte Tamaro overlooking Lugano, on a site which is accessible only by cable car. The owner of the cable car company had asked me to build a chapel in memory of his wife, which would also enhance the mountain setting. Thus, in addition to its intrinsic religious function, the chapel also had to relate to its mountain site by creating new itineraries and other attractions for visitors. The most difficult thing about the project was deciding on the exact site. When you have a whole mountain to choose from, and you can build virtually where you please because there are no limits imposed by land ownership, it's quite hard to bring yourself back to earth and set about deciding exactly *which* place you want to modify with your project. My initial intention was to build a chapel dug high up into the mountain slope, but then I discovered a promontory marking the end of a road which ran down to an existing restaurant. I designed the chapel as an imaginary extension and termination of this road so that visitors and hikers would have a pathway which the mountain itself

Kirche in Pordenone,
1987–1992
Der Sockel als Verbindungsglied zum urbanen Kontext

Church in Pordenone
1987–1992
The base helps to rebuild the urban fabric

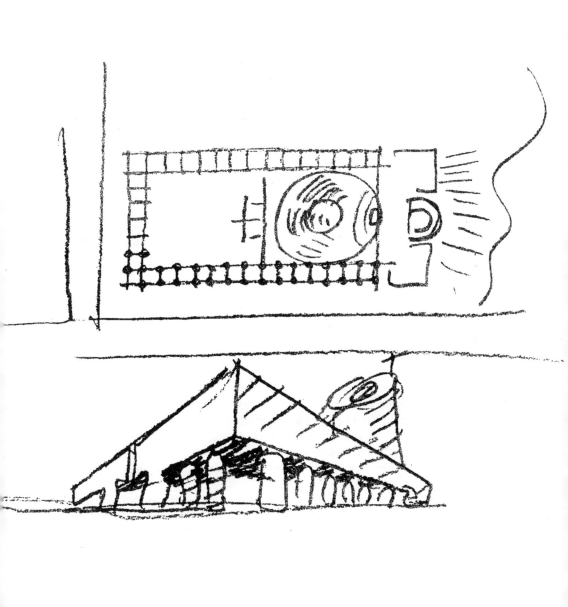

Dann entdeckte ich einen Vorsprung, an dem eine kleine Straße vorbeiführt, die zu einem tiefergelegenen Restaurant führt. Ich stellte mir die ideelle Verlängerung dieser Straße und die Kapelle als ihren Endpunkt vor. Von dieser privilegierten Position, diesem Aussichtspunkt, den erst das Projekt zugänglich machen würde, könnte sich den Besuchern und Ausflüglern ein neues Ziel und damit auch eine neue Lektüre der außergewöhnlichen Landschaft der Täler zu ihren Füßen bieten. Wie ein Viadukt, das aus dem Berg tritt, schwebt die neue Kapelle über dem Abgrund und schließt mit einem zylindrischen Volumen ab. «Ein Felsnagel», so hat sie der Maler Enzo Cucchi bezeichnet, den ich später bat, den Sakralbau mit seinen «Zeichen» auszugestalten. Das Gebäude kulminiert in einem Panoramaweg, der unerhörte neue Ausblicke auf die Berglandschaft bietet: Macht der Architektur!

In der Axonometrie sieht man den Panoramaweg, der über das Dach zum Eingang der Kapelle führt. Im Querschnitt erkennt man dagegen zwei Wege: den oberen, ca. 70 Meter langen Gang und den unteren, der, von zwei Mauern umschlossen, direkt zum Eingang führt.

Ich wollte schon lange einmal mit dem Maler Enzo Cucchi zusammenarbeiten und bat ihn, sich an diesem einzigartigen Unternehmen mit einer Rei-

could not provide, as well as a marvellous new vantage point offering unexpected views of the stunning valley landscape spread out below. The new chapel extends into space like a viaduct emerging from the mountain side, and achieves solidity in the cylindrical volume at the end, described as a "stone nail" by painter Enzo Cucchi, whom I later asked to participate in the project. The chapel's "road" structure culminates in the belvedere, creating new panoramic routes which reveal unsuspected features of the mountain setting. This really is the *power* of architecture!

The axonometric shows the upper path running across the chapel roof to the entrance, while the section reveals that there are in fact two paths, an upper one 70 metres long, and a lower one running between walls to the entrance.

I asked Enzo Cucchi, with whom I had wanted to work for some time, to add pictorial features to the chapel design (recently exhibited in Lugano and at the Kunsthaus in Zurich). I very much enjoyed bringing other ideas and disciplines to bear on the project. Cucchi and I immediately saw eye to eye on what should be done, and we each benefited greatly from the experience. I

Innenansicht des Kirchensaals
Die Apsis und die Beziehung der Primärvolumina zum grünen Tal hinter ihnen

The main vault
The apse showing how the primary volumes relate to the green valley behind

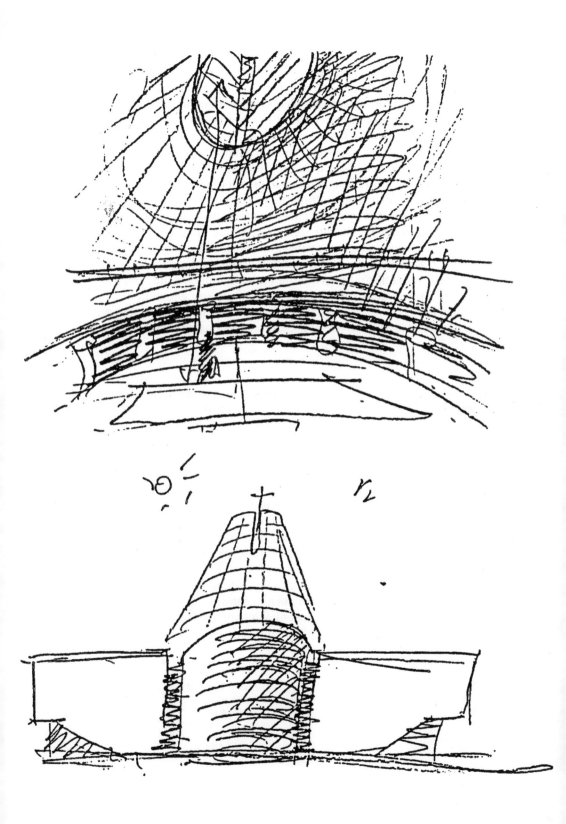

he von Bildern zu beteiligen (kürzlich in einer Ausstellung in Lugano und im Kunsthaus Zürich zu sehen). Wir verstanden uns sofort, und es entstand eine Gemeinschaftsarbeit, die uns beide bereichert hat. Ich bat Cucchi um die Ausgestaltung der Innenfläche des Korridors sowie des Übergangs, der die drei Schiffe der Kapelle trennt. Außerdem sollte die Apsis bemalt werden und eine Reihe von Bildern die Fensteröffnungen schmücken. Aufgaben, die Cucchi mit viel Elan und Poesie löste. Besondere Beachtung verdienen die verschiedenen Ausblicke auf das Tal zu Füßen des Berges, sobald man in der Kapelle ist und nach unten sieht: Sie bieten sich durch 22 Fenster, die sich in Fußbodenhöhe in der Mauer öffnen und dem Besucher das besondere Gefühl vermitteln, wie aus einem Flugzeug auf die 1200 bis 1300 Meter tiefergelegene Landschaft zu blicken. Das Gebäude besteht aus Porphyrsteinen des Tiroler Etschlandes; der wuchtige Eindruck der schlichten Volumina wird so von der Härte des Materials noch unterstrichen. Enzo Cucchi (und dies ist seiner künstlerischen Intuition vielleicht am höchsten anzurechnen) hat bei der Ausgestaltung des Gangs der Versuchung widerstanden, in bloßes Dekor zu verfallen: Er gestaltete hier zwei Bäume, vielleicht Zypressen, die sich an den Wipfeln berühren und mit einem Blick (sie sind 60 Meter

asked him to work on the intrados of the walkway and on the passage which separates the chapel into three naves. I also liked the idea of painting the apse, and of coloured tiles set into the window openings. Cucchi's response was both imaginative and poetic. One feature of the chapel is especially interesting. When you are inside and look down, you see both the panorama and the landscapes at the foot of the mountain because I inserted 22 windows at floor level to give visitors the feeling that they were flying over the landscape 1200-1300 metres below. The building is made of porphyry from the Upper Adige region, so that the powerful simplicity of the volumes is enhanced by the hardness of the material. I think Cucchi's artistic intuition is most evident in the way he avoided the danger of merely *decorating* the walkway. He drew two trees with leafy tops – cypresses perhaps – which can both be seen at a glance (they are over 60 metres long). The designs were cut into the roof and filled with black mortar using the ancient intarsia technique. Another tree divides the interior space of the chapel, while in the apse two hands, vibrant in the light flooding from above, are depicted in the act of prayer, ready to receive and to give.

Kapelle auf dem Monte Tamaro,
1990–1996
Perspektivische Skizze

Chapel of Monte Tamaro
1990–1996
Perspective sketch

lang) zu erfassen sind. Sie sind in der alten Kratzputztechnik mit Ausmeißelungen in Deckenstärke gearbeitet, die Cucchi dann mit schwarzem Mörtel füllte. Ein weiterer Baum markiert die Aufteilung des Kapellenraums, während der Künstler in der Apsis zwei betende, zum Empfangen und Schenken bereite Hände schuf, die im Zenitallicht erstrahlen.

Ich habe diese Kapelle erwähnt, weil sie zu den jüngsten Entwürfen gehört und zu einer außergewöhnlichen und vielleicht unwiederholbaren Schaffensphase zählt.

Mit dem Thema der Kirche hatte ich es zum erstenmal bei der Kapelle von Mogno im Tessiner Maggia-Tal zu tun. Später kamen andere Aufträge hinzu: Zur Zeit befasse ich mich mit sechs Sakralbauten. Es ist interessant, wie ein Projekt zum nächsten führt und das Wissen, das man bei einem Entwurf erwirbt, in natürlicher Weise in das folgende Projekt eingeht. Eine solche beständige Vertiefung ist für die Arbeit des Architekten unabdingbar. Bei der Schaffung einer Kirche lassen sich die höchsten Möglichkeiten der Architektur voll ausschöpfen, nämlich Symbole und Metaphern zu schaffen, bieten sie doch die Gelegenheit, die Erinnerung an ihre Geschichte aufleben zu lassen. Es ist bemerkenswert, wie im Werdegang eines Architekten an einem

I wanted to talk about this chapel because it's a recent project, and because it's representative of the rather unusual, perhaps unique phase I'm going through at the moment.

The first church I built was a small chapel in Mogno, a town in the Maggia valley in the Canton Ticino. Then I received other commissions; currently I'm working on six projects for churches. It's curious how one commission leads to another, how the things you learn with one project carry over naturally and inevitably into the next. This ongoing process of exploration is essential to our work as architects. Moreover, designing churches brings us into contact with architecture's profoundest symbolic and metaphorical values, the ones which make new architecture both a repository and a vehicle for its own history. It's also curious how, at a certain stage in their careers, architects are faced with a range of concerns which transcend constructional and functional considerations, in the sense that they reveal humankind's innermost needs, the ones which, in practice, they are most concerned with in their work.

This is especially evident in the chapel of Monte Tamaro, which juts out into space from the mountain, establishing a new and powerful relation-

72   Kapelle auf dem Monte Tamaro,
     1990–1996
     Die Kirche kragt über den Berg aus und
     verlängert so die bestehende Straße
     Das aus dem Berg tretende Bollwerk mündet in
     das Dach der Kapelle

Chapel of Monte Tamaro
1990–1996
The chapel emerges from the mountain as the
continuation of an existing road
The rampart flows from the mountain onto the
chapel roof

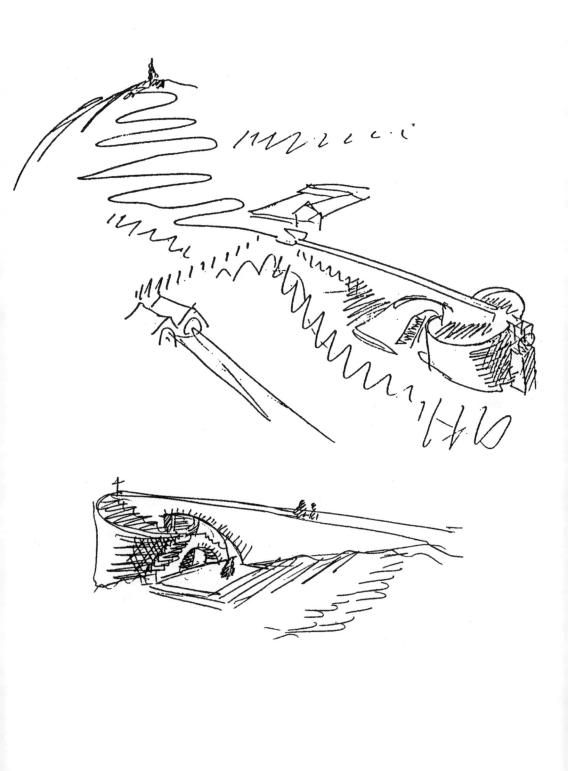

bestimmten Punkt Interessen eine Rolle spielen, die jenseits der technischen Aspekte von Konstruktion und funktionaler Gestaltung liegen und verborgene und geheime menschliche Werte zutage fördern, die in der Folge bei seiner Arbeit Priorität gewinnen.

Die Kapelle auf dem Monte Tamaro streckt sich über den Abgrund vor und schafft eine neue ausdrucksstarke räumliche Beziehung zum Tal, das zu ihren Füßen liegt. Die Mauern, die sich wie ein Bollwerk erheben, schaffen einen Kontrapunkt in der Landschaft. Im starken Gegensatz zwischen Baukörper und Topographie teilt sich dem aufmerksamen Betrachter etwas vom uralten Kampf zwischen Mensch und Berg mit. Regen oder Gewitterstürme auf dem Monte Tamaro können beängstigend sein: Der Berg wird bedrohlich und die Zuflucht des Menschen erscheint erschreckend zerbrechlich. Der Architekt hat die Möglichkeit, etwas Zeitloses zum Ausdruck zu bringen, er kann auf längst Vergangenes anspielen, das in der Erinnerung und beim Betrachter Aktualität gewinnt. In dieser Hinsicht kann man sagen, daß die Erinnerung an Vergangenes die authentische Domäne der Architektur ist. Das stufige Dach der Kapelle hat das Aussehen eines Amphitheaters; über eine doppelte Treppe gelangt man zum Kirchplatz vor dem Eingang. Zwi-

ship with the valley below. Like castle ramparts, the walls weave a counterpoint of stone against the visual depth of the landscape. More discerning observers will realise that this powerful contrast between building and site evokes memories of the ancestral human struggle with the mountain. Weather conditions on Monte Tamaro really can be frightening during rain and storms. At an altitude of 1500 metres, where the chapel is built, the mountain becomes threatening and human refuges seem perilously fragile. When they want to, architects can speak a timeless language which evokes the immemorial realities of the human condition in the minds and hearts of modern-day users. In this sense, we have to recognise that memory is the true domain of architecture. The tiered chapel roof looks like an amphitheatre, and a double monumental stairway leads to the entrance forecourt. Glazed strips inserted between the roof tiers create "smudges" of light inside the chapel. The floor-level windows create visual continuity between interior and exterior. The stone walls – what a pleasure it is to work with real masonry! – show that the more basic and monolithic a material is, the more your calculations have to be accurate to a millimetre. All special fea-

Kapelle auf dem Monte Tamaro,
1990–1996
Die Kapelle ist ein Rundbau, der Innenraum dreigeteilt

Chapel of Monte Tamaro
1990–1996
The circular chapel and the tripartite interior

schen die Stufen sind verglaste Längsschlitze geschnitten, durch die «Lichtkleckse» ins Innere der Kapelle dringen. Die kleinen Fenster im Innenraum auf Fußbodenhöhe sollen Innen- und Außenraum visuell miteinander in Beziehung setzen. Die Steinmauer (eine Augenweide für einen Architekten!) zeigt, daß eine millimetergenaue Präzision erforderlich ist, je roher und monolithischer das Material ist. Alle besonderen Elemente (wie die Abflüsse und die Dachkonstruktion) mußten bis ins Detail präzise durchgestaltet werden.

Ich möchte nun von einem Museum in Basel für den Bildhauer Jean Tinguely sprechen. Ich kannte Jean Tinguely und war ihm freundschaftlich verbunden. Als er starb, betraute mich der Konzern Hoffmann-La Roche (der mittlerweile eine Stiftung gegründet hat) mit dem Entwurf des Museums. Nachdem der Bau zunächst auf einem Hügel unweit der Stadt errichtet werden sollte, wurde ein anderes Grundstück im Solitude-Park am Ufer des Rheins ausgewählt. Die Lage ist sehr eindrucksvoll: da ist einmal der Fluß, der einen außergewöhnlichen «Freiraum» in der Stadt bildet; eine Autobahnbrücke und der Solitude-Park aus dem 19. Jahrhundert sind weitere prägende Elemente. Ich wollte die vorhandenen Bäume erhalten und das

tures like drains and roof structures have to be designed down to the last detail.

Now I'd like to talk about a museum I built in Basel to house sculptures by Jean Tinguely, whom I knew both professionally and as a friend. When he died, the La Roche corporation (which has since set up a foundation) asked me to design a Tinguely Museum. After an initial project to be located on the hills not far from the city, another site was chosen in Solitude Park on the banks of the Rhine. The setting is certainly an evocative one, with the river cutting an enormous swathe through the city, a motorway bridge to the rear and a nineteenth-century park to the front. I decided to preserve the existing trees by siting the new museum up against the motorway bridge, where there was already a big underground plant purifying river water for industrial uses.

I tried to solve the static problems – it was impossible to construct the new building on the roof of the existing one – by spanning the underground building with a roof structure supported by beams at either end, creating an exhibition space in between which is big enough to accommodate unusually large sculptures (in some cases 6, 7 or 8 metres high).

Kapelle auf dem Monte Tamaro,
1990–1996
Die Fenster auf Fußbodenniveau

Chapel of Monte Tamaro
1990–1996
The floor-level perimeter windows

neue Museum an der Autobahnbrücke errichten, wo bereits ein unterirdisches Wasserwerk vorhanden war.

Mir schwebte vor, die statischen Probleme (es war nicht möglich, den Neubau auf das Dach des bestehenden Gebäudes zu setzen) durch eine Brückenkonstruktion zu lösen, die den unterirdischen Baukörper mit Trägern überspannt, die auf Stützelementen an den äußeren Enden ruhen. So ließ sich eine große Ausstellungsfläche gewinnen, die Objekte von beachtlichen Ausmaßen (mit Höhen von 6, 7 oder gar 8 Metern) aufnehmen kann.

Beim Entwurf kam es darauf an, einen Dialog des neuen Museums mit den unterschiedlichen Elementen des Kontextes zu ermöglichen. Das Gebäude ist zur vor ihm verlaufenden Verkehrsader abgeschottet; die Anbindung des Baus an die Stadt wird durch die Seitenfront mit dem Eingang zum Museum und zum Park betont, während die vollständige Öffnung der Hauptfront von einem Säulengang auf der Parkseite sowie einer besonderen Gestaltung der anderen Seitenfront am Rhein hervorgehoben wird. Ich befürchtete, daß ein Besucher unter Umständen die außergewöhnliche Flußlage gar nicht wahrnehmen würde und entwarf daher ein architektonisches Element, das für das Museum funktional nicht zwingend war: Es handelt sich dabei um

---

The design task was how to relate the new museum to the various features of the context. The project envisages a windowless front towards the traffic on the motorway bridge, links with the city highlighted by the museum and park entrance on one of the lateral fronts, and a completely open main front emphasised by a portico facing the park and the rather special treatment of the other lateral front. When I thought about what it would be like to visit the museum, I was afraid that some people might tour the exhibits without ever being aware of the presence of the river itself, the city's most striking urban feature. This prompted me to incorporate into the design an architectural feature that is not strictly necessary to the building's function as a museum, an obligatory pedestrian route which forces visitors to look at the river before they begin their tour of the museum.

Thus, the museum's first exhibit is the river; the exhibition galleries proper come only later. All this demonstrates how a commission to design a museum for a city can result in a part of the city becoming an exhibit in its own right. Functional features interact with other more symbolic components of the design so that visitors are able in turn to interact with the context.

Tinguely Museum in Basel,
1993–1996
Perspektivische Skizze

Tinguely Museum, Basel
1993–1996
Perspective sketch

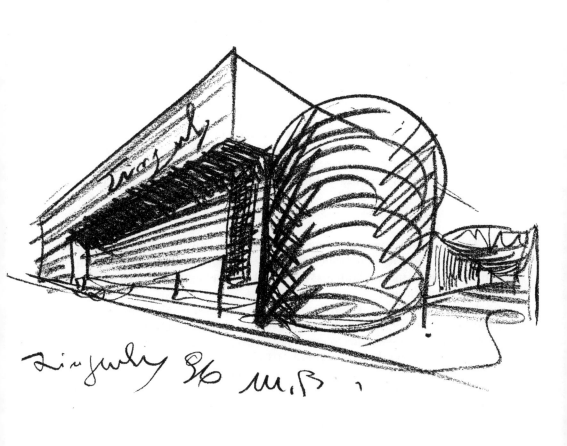

einen verglasten Gang mit Blick auf den Rhein, den die Besucher passieren müssen, bevor sie zum eigentlichen Ausstellungsrundgang gelangen.

Das erste «Ausstellungsobjekt» des Museums ist folglich der Fluß; erst danach gelangen die Besucher zu den eigentlichen Ausstellungsräumen. So zeigt sich, daß der Auftrag eines Museumsbaus dazu führen kann, einen Teil der Stadt «auszustellen». Tatsächlich wirken funktionale und symbolische Komponenten zusammen und können bewirken, daß der Betrachter mit dem Kontext interagiert.

Die großen Räume des zentralen Saals präsentieren sich wie eine Reihe aneinandergrenzender «Hallen». Durch mobile Trennwände entlang der Querträger können sie unterteilt und stärker gegliedert werden. Das Museum verfügt auch über «ruhigere» und «traditionellere» Ausstellungsräume wie den Saal im Obergeschoß, der mit natürlichem Licht zenital beleuchtet wird.

Ich komme nun zum letzten Entwurf, dem Museum für Moderne Kunst in San Francisco. Nach einem Auswahlverfahren erhielt ich 1989 diesen Auftrag, wobei ich das Glück hatte, als einziger europäischer Architekt in die Endrunde zu kommen (mit Tadao Ando und Isozaki, Japan, sowie Charles Moore, Tom Beeby und Frank Gehry, USA). In den vorbereitenden Gesprä-

---

The main museum space has large crossbeams fitted with sliding partitions which allow it to be divided up into a sequence of adjacent halls. There are also quieter, more traditional rooms, like those on the top floor, designed to exploit natural light.

I was awarded the commission for the Museum of Modern Art in San Francisco in 1989, and I had the advantage of being the only European among the shortlisted architects (Tadao Ando and Isozaki from Japan; Charles Moore, Tom Beby and Frank O. Gehry from the USA). In the preliminary interviews we were asked to say what our concept of the museum was. The chosen site, bordering on downtown San Francisco, was on Third Street to the south of Market Street which, like Broadway in New York, draws a diagonal line separating two differently oriented urban grids. The site, which has an area of approximately 6,000 sq.m., lies at the foot of the Pacific Bell Building, a 1930s skyscraper, and faces the Moscone Center park where there is a small theatre designed by James Polshek and an elegant Visual Art Center designed by Fumihiko Maki. The skyscrapers and towers of downtown San Francisco form a backdrop to the rear.

Tinguely Museum in Basel,
1993–1996
Das Tinguely Museum liegt am Ufer des Rheins neben einer Autobahnbrücke
Das Gebäude vom Fluß aus

Tinguely Museum, Basel
1993–1996
The site of the museum on the banks of the Rhine near the motorway bridge
The building seen from the river

chen wurden wir eingeladen, unsere Vorstellungen über Museen darzulegen. Das Baugrundstück liegt neben einem Wolkenkratzer aus den 30er Jahren, das Pacific Bell-Gebäude in der Nähe von Downtown San Francisco an der Third Street im Süden der Market Street, die wie der Broadway in New York die Stadt diagonal durchschneidet. Das Museum, dessen Front auf den Park des Moscone Center blickt, verfügt über eine Fläche von 6000 m². Im Park gibt es ein kleines Theater, das James Polshek entworfen hat, sowie das schöne Visual Art Center von Fumihiko Maki. Im Hintergrund ragen die Türme und Wolkenkratzer der Downtown auf.

Als ich mit diesem Entwurf beauftragt wurde, setzte ich mir einige Ziele, die grundsätzliche Fragen des «Architekturmachens» im Hinblick auf eine so bedeutende Institution wie das Museum reflektieren.

Ich glaube, daß Museen heute eine ähnliche Funktion haben wie vormals Kathedralen und entsprechend architektonisch interpretiert werden können: als Orte der «Kommunikation», wo die Benutzer mit Kunstwerken konfrontiert werden, sich ihnen nähern und sie interpretieren. Immer stärker wird heute das Bedürfnis, der Routine des Alltäglichen zu entkommen und Ausdrucksformen zu suchen, die Gefühle vermitteln können. Das Museum stellt

When I was awarded the commission, I set myself a number of objectives which make an ideological statement about what it means to design a major urban institution like a museum.

I believe that today's museums are like yesterday's cathedrals: they are places of "communication" where we can view works of art with the intention of assimilating and interpreting the messages they send us. There is an increasingly felt need to resist routine in the modern world, to seek out forms of expression capable of conveying emotion and feeling. In this sense, the museum is a rather special kind of place which exposes us to new experience and raises questions about how we live. As a result, its image has to deliver a powerful and unmistakable collective message. The selection committee shared this view, even though it had initially considered the idea of housing the museum on the lower floors of a skyscraper rather than in a new building; that is, in some anonymous box where apartments, offices, shops, theatres, etc. are simply jumbled together and denied any distinctive functional identity by the standardising effect of the International Style. My view, however, was that a modern museum, like an ancient cathedral, should be an

82 Tinguely Museum in Basel, 1993–1996
Die «Brücken-»Konstruktion des Museums
Ansicht des Korridors in Form eines Bootes,
der auf den Rhein blickt
Querschnitt mit den Trägern im Inneren, in die
mobile Trennwände eingelassen sind

Tinguely Museum, Basel 1993–1996
The museum's "bridge" structure
The boat-like walkway facing the river
Cross section showing the beams which house
the sliding partitions

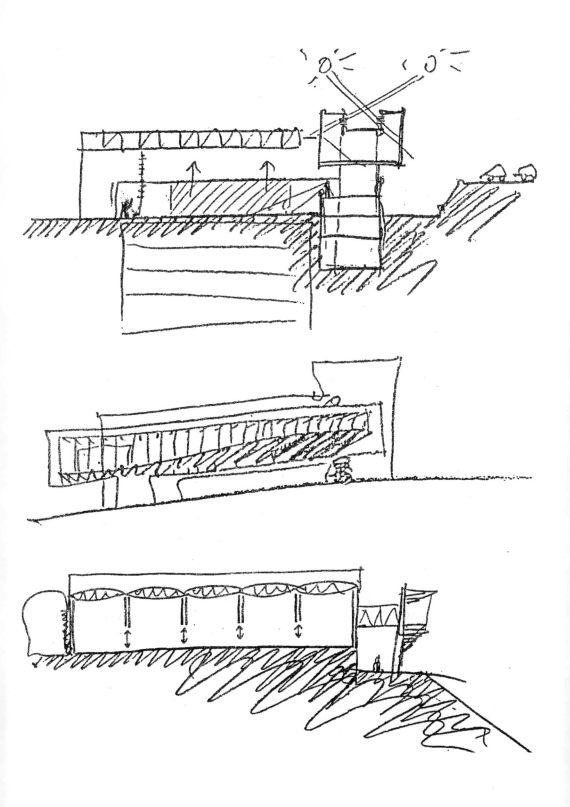

somit einen privilegierten Ort dar, ein Ort des Fragens und der Auseinandersetzung. Sein Erscheinungsbild muß daher einen hohen Symbolgehalt haben. Die Auswahlkommission teilte diese Auffassung. Sie hatte zunächst statt eines neuen Gebäudes die Möglichkeit geprüft, das Museum in den unteren Geschossen eines Hochhauses einzurichten (eine anonyme «Schachtel» im International Style, der die Unterschiede der Nutzung – Wohnungen, Büros, Geschäfte und Theater – vollständig verwischte). Mein Vorschlag beruhte dagegen gerade darauf, das Museum wie ein Kirche in das Stadtgefüge einzubinden, ihm einen eigenen Charakter und Symbolgehalt zu geben.

Es waren drei Ziele, die ich erreichen wollte.

Erstens sollte das Museum von *natürlichem Licht* erhellt werden. Leicht gesagt, aber schwer getan, vor allem, wenn man bedenkt, daß der Großteil der in den letzten Jahrzehnten gebauten Museen mit künstlichem Licht beleuchtet wird, und zwar, weil es die Werke schont, kontrollierter eingesetzt werden kann und flexibler ist. Ich vertrat dagegen die Auffassung, daß ein Museum kein Labor ist. Ich glaube nicht, daß ein Besucher ein Kunstwerk in optimalen Lichtverhältnissen sehen will; das Interessante scheint mir vielmehr zu sein, sich einem Werk in einem besonderen Licht zu nähern und es

integral part of the city's complex connective tissue if it is to achieve its own expressive and symbolic identity.

I set myself three objectives. The first was that the *museum should live by natural light*. This is easier said than done, especially if you bear in mind that most museums built over the past few decades were designed to use artificial light, which curators prefer because it is less harmful to artworks, as well as being more flexible and easier to control. I told the committee that a museum isn't a laboratory. I don't think visitors want to see artworks in "ideal" lighting conditions. I think it's more interesting to see an exhibit in a certain light, and then see it again illuminated in another, perhaps totally different way. That way you experience what it looked like in the artist's studio, where the light changed naturally depending on time of day. So my aim was to design an urban museum around natural light, which would obviously be adjusted, regulated and filtered to meet the preservation requirements of the exhibits themselves. This was a truly complex undertaking, given that 22,000 sq.m. had to be constructed on a site area of 6,000 sq.m.

Museum für Moderne Kunst in San Francisco, 1989/90–1995
San Francisco: die Market Street trennt zwei rechtwinklige Straßengitter
Bauliche Verdichtung in Downtown San Francisco

Museum of Modern Art, San Francisco 1989/90–1995
San Francisco: Market Street separates the two urban grids
Downtown San Francisco

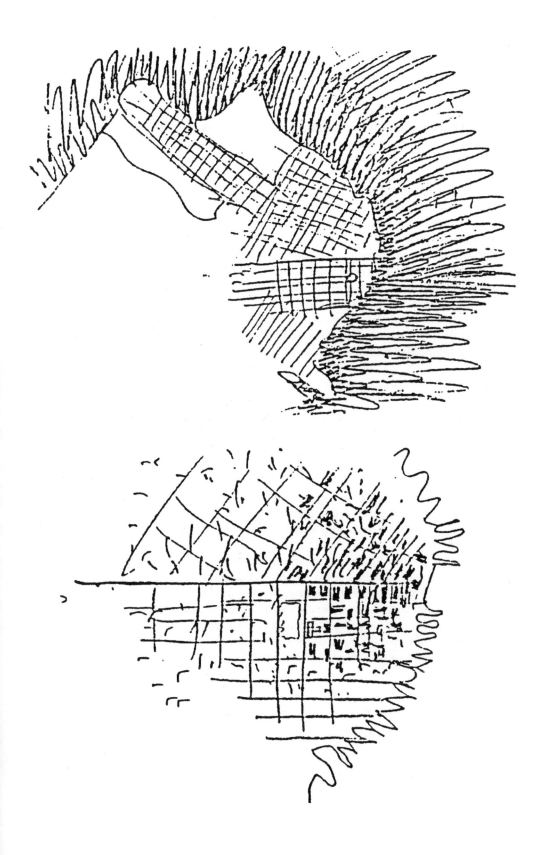

später unter anderen, vielleicht grundverschiedenen Lichtverhältnissen erneut zu betrachten. So bietet sich auch die Möglichkeit, einen Eindruck davon zu gewinnen, unter welchen Verhältnissen das Werk im Atelier des Künstlers entstanden ist, wo das Licht je nach Tageszeit variierte. Ich wollte also ein urbanes Museum schaffen (ein sehr komplexer Bau angesichts der geforderten 22.000 m² auf einem 6000 m² großen Grundstück), das weitgehend mit natürlichem Licht erfüllt wäre, wiewohl selbstverständlich kontrolliert und gefiltert eingesetzt, um den Anforderungen der Kunstwerke gerecht zu werden.

Das zweite Ziel war, mit der Gebäudeform zu betonen, daß vor allem bei einem öffentlichen Gebäude wie diesem die *Architektur* in schlichter und direkter Weise zum Besucher *sprechen muß*, so daß er sich orientieren kann, sobald er die Räume betritt, sich in den verschiedenen Raumsituationen zurechtfindet (Höhe, Tiefe) und die Gliederung des Gebäudes versteht oder zumindest intuitiv erfaßt. Bei früheren Bauwerken war dies selbstverständlich: Tritt man durch den Eingang eines alten Hauses, so erkennt man unmittelbar seine Gliederung. Befinden wir uns dagegen in modernen Bauwerken, haben wir oft den Eindruck, durch Labyrinthe zu laufen: Wir wissen nicht mehr, auf

The second objective was to reaffirm that, especially in major public buildings like museums, *architecture must speak simply and directly to visitors* so that when they enter a space they can get their bearings, check out spatial parameters like height and depth, and understand (or at least guess) how the building is laid out. This is a "natural" feature of the architecture of the past – when you enter old buildings you understand immediately how they are organised. But when you enter a modern building you very often feel you're in a labyrinth – you no longer know which level you're on, you lose your bearings, and there's nothing in the architecture to tell you where you are and which way to go, so you often have to rely on graphics and signs to find your way around. I think this a serious defect of modern architecture. Heidegger once said that inhabiting a space means being able to find your bearings when you are in it. This is a simple enough idea, but it's an essential requirement of any human habitat and it says much about the fundamental relationship that people have to establish with their surroundings. I tried to reinstate this essential feature of "habitable" architecture when I designed the museum.

Museum für Moderne Kunst in San Francisco, 1989/90–1995
Das Museum vor dem Hintergrund der Downtown
Perspektivische Skizze

Museum of Modern Art, San Francisco 1989/90–1995
The museum against the backdrop of downtown San Francisco
Perspective sketch

welchem Geschoß wir uns befinden, wir verlieren den Orientierungssinn, wir erkennen nicht die baulichen Elemente, die uns eine Richtung oder einen Weg anzeigen, und häufig müssen wir Zuflucht bei Schildern und graphischen Zeichen nehmen, um anzukommen. All dies bedeutet meiner Meinung nach einen großen Qualitätsverlust in der zeitgenössischen Architektur. Martin Heidegger meinte, der Mensch wohne, wenn er sich in einem Raum orientieren könne. Dies ist eine schlichte Anforderung, aber eine notwendige Bedingung unseres Habitats, die von der Fundamentalbeziehung spricht, die zwischen dem Menschen und seiner Umgebung bestehen muß. Beim Entwurf des Museums habe ich versucht, diese essentielle Qualität zurückzugewinnen.

Das dritte Ziel war den Amerikanern schwerer zu vermitteln: die Form. Ich wurde wiederholt gefragt, in welchem «Stil» ich die eben genannten Ziele verwirklichen wollte. Eine peinliche Lage. Meine Position war, den Stilrichtungen und Klassifikationen aus dem Weg zu gehen. Ich glaube, das Erscheinungsbild eines Museums sollte nicht schon im vorhinein festgelegt werden, eine Position, die jedoch schwer zu vermitteln war... Aber vielleicht erhielt ich den Auftrag gerade deshalb, weil die Auftraggeber herausfinden wollten, was

My third objective – the actual form of the building – is more difficult to explain to Americans. I was often asked which "style" I would use to convey the ideas I've just described. This was an embarrassing question because my stated intention was to *avoid* style and any form of classification altogether. I don't think museums should come with ready-made identities, but it's difficult to explain exactly what that means. Perhaps I was awarded the commission because the committee wanted to see what a "styleless" building would look like. I began work on the project in 1989, and the museum was inaugurated on 18 January 1995.

A drawing I made early on of the metal frames of the buildings in the square in front of the site already shows that I wanted the museum to stand out as a distinctive individual presence against the backdrop of downtown buildings and skyscrapers; that I wanted it to be a symbol or totem which, despite its relative smallness (the maximum height is approximately 40 metres), could become a symbol for the city. The thing that struck me about San Francisco was that many people, who perhaps know little about architecture, found that the building itself helped to reconcile them to modern art and

Museum für Moderne Kunst in San Francisco, 1989/90–1995
Ausschnitt der Hauptfront

*Museum of Modern Art, San Francisco 1989/90–1995
Detail of front elevation*

es heißt, ohne einen bestimmten Stil zu bauen. 1989 begann ich mit der Entwurfsarbeit, am 18. Januar 1995 konnte das Museum eingeweiht werden.

Schon bei der ersten Studie, als es nur die Metallkonstruktionen auf dem Platz davor gab, bemühte ich mich darum, dem Museum trotz seiner relativ geringen Ausmaße (Maximalhöhe 40 Meter) im Hinblick auf die umliegenden Gebäude und Hochhäuser eine starke Präsenz, ein eindrucksvolles Erscheinungsbild zu verleihen und es zu einem Symbol zu machen, eine Art «Gesicht» oder Totem, ein Zeichen, das auch geeignet wäre, zu einem «Logo» der Stadt zu werden. Überrascht hat mich in San Francisco, daß viele Menschen, denen die architektonischen Probleme vielleicht gar nicht vertraut waren, durch das Museum ihren Frieden mit der Kultur der Moderne geschlossen haben. Mir passierte es mehrmals, daß mich Leute in der Nähe des Museums ansprachen und ihrer Befriedigung über dieses Bauwerk, errichtet zur Bereicherung ihrer Stadt, Ausdruck verliehen.

Beim Gebäude wurden natürliche Materialien eingesetzt. Es hat eine schlichte Geometrie, umhüllt mit seinem Baukörper einen zentralen Raum, zeigt eine strukturierte Fassadentextur... All dies sind in vielerlei Hinsicht traditionelle Elemente von Stadtbauten, die aber durch die häufig eingesetzten ho-

---

culture. When standing near the museum, I've often overheard people make flattering comments about "that building" which is such a "fine addition" to the city.

The building uses natural materials, has a simple geometrical design and a recognisable core, and presents a fully designed façade. In many ways, these are traditional features of urban buildings that have been lost with the advent of glass, mirror and aluminium façades which standardise everything and abolish any form of compositional hierarchy. Such façades tried to convince people that anything was possible with these new materials, whereas we now know that everything is impossible in a city of glass fronts and mirror surfaces.

There are no exhibition spaces on the ground floor, which is designed to provide services and link the building to the surrounding city. Visitors entering from the main road find themselves in a plaza-style lobby flanked by a bookshop, a learning centre, an auditorium, a space for receptions and functions, and a cafeteria. So the ground floor is a transitional area between the city and the museum. On the floor above there is a set of rather "traditional"

Museum für Moderne Kunst in San Francisco,
1989/90–1995
Hauptfront
Detail der Mauerung über dem Eingang

Museum of Modern Art, San Francisco
1989/90–1995
Front elevation
Detail of the masonry over the entrance

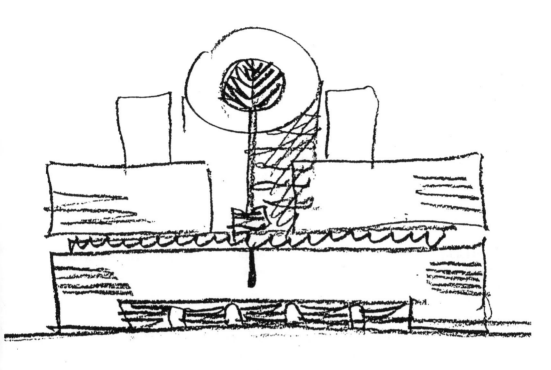
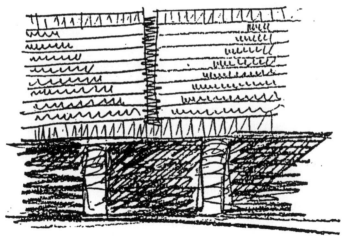

mogenen Glas-, Spiegel- und Aluminiumfassaden verlorengegangen sind. Nicht nur nivellierten sie jegliche kompositionelle Hierarchie, sie wollen sogar glauben machen, daß mit diesen neuen Materialien alles möglich sei; nur wissen wir heute, daß in einer Stadt aus Glas- und Spiegelflächen «alles» unmöglich ist.

Sehen wir uns die einzelnen Geschosse genauer an. Im Erdgeschoß befinden sich keine Ausstellungsräume: Es ist ein Stockwerk für Service-Einrichtungen, das zugleich das Gebäude mit der Stadt verbindet. Es gibt hier für die Besucher, die von der Hauptstraße eintreten, einen Platz (eine Lobby), der von einer Buchhandlung, einem Unterrichtsraum, einem Auditorium, einem Festsaal und einem Café gesäumt wird. Das Erdgeschoß ist also ein Ort des Übergangs von der Stadt zum Museum. Im Stockwerk darüber finden wir dagegen eine Reihe von Galerien, wo Sammlungen moderner Kunst ausgestellt sind. Es sind recht konventionelle Räume, eine Abfolge von zenital beleuchteten Sälen, die an Schinkels Museumsgestaltungen aus dem 19. Jahrhundert erinnern. Geht man ein weiteres Stockwerk höher, verjüngt sich der Hallenraum der Lobby. Hier sind in einem Zwischengeschoß ohne natürliches Licht Zeichnungen auf Papier und Fotografien untergebracht. Ein weiteres Stockwerk höher liegen die großen Ausstellungssäle für zeitgenössische

---

modern art galleries inspired by Schinkel's nineteenth-century model of a sequence of communicating rooms illuminated from above by natural light. The area of the void over the plaza below is reduced on the next floor, and there's an artificially-lighted mezzanine for photographs and works on paper. Moving higher still, you come to large exhibition spaces for contemporary art, and the central light shaft becomes an enormous round window looking out over the city. The floors are staggered so that all the spaces are lighted from above. (They can be partitioned off to meet the requirements of individual exhibitions.)

Stairs set into the wall of the central cylinder lead to the top exhibition level above the offices. When you look upwards from the ground-floor lobby, you see at a glance the building's entire vertical organisation of sequenced floors linked by the central staircase.

The outer façade has two major features – the tower signposting the plaza-lobby below, and big perimeter walls enclosing the exhibition galleries within. To make them visually distinct, I used different materials for each. The tower, which looks like a Cyclops' eye from the outside, has striped

Kunst, und der Lichtschacht, der mit einer einzigen großen Öffnung auf die Stadt blickt, ist nun kreisförmig. Durch die Zurückstaffelung der Stockwerke erhält jedes Geschoß natürliches Zenitallicht. (Die großen offenen Säle können je nach den Anforderungen der einzelnen Ausstellungen unterteilt werden.) Über die Treppen im zentralen Zylinder gelangt man weiter ins letzte Ausstellungsgeschoß über den Verwaltungsräumen. Betritt man das Gebäude im Erdgeschoß, überblickt man von der Lobby aus auf Anhieb den vertikalen Aufbau, denn von hier sieht man alle Geschosse, die von der zentralen Treppe verbunden werden.

Was die Fassade betrifft, kam es mir auf zweierlei an: auf die Turmform, die auf die Lobby zu ihren Füßen verweist, und auf die hohen Umfassungsmauern der seitlichen Baukörper, hinter denen die Ausstellungsgalerien liegen. Sie zeigen unterschiedliche Materialien: der Turm, der nach außen wie das zyklopische Auge des Polyphem wirkt, ist mit schwarzen und weißen Granitstreifen verkleidet; dagegen sind die Mauern der Galerien mit vorgefertigten Paneelen verblendet, deren Außenseite aus Backstein besteht, um diesem natürlichen Material wieder jene Rolle in der Stadt zu geben, die es zu Beginn des Jahrhunderts spielte.

---

black-and-white granite cladding, while the gallery walls are made of prefabricated panels with brick outer surfaces, in an attempt to make natural brick a major construction material again, as it was in the early years of the century.

The street façade separates the park in front from the 1930s skyscraper behind, and is tiered to provide top lighting for the galleries within. The architectural treatment is different on each level to reflect the various functions of the floors. Thus, the lower part of the building – which is more intimately bound up with the functional logic of the surrounding city and has a textured façade of bricks laid diagonally at 45° – is hierarchically distinct from the upper parts which become increasingly austere the further they recede from the line of the street front. The lateral front resembles a section through the building, in which the siting of the galleries emphasises the vertical connections in the main building and the offices in the volumes behind.

The masonry detail above the entrance portico draws attention to the hollow cylindrical core which constitutes the main axis of the building and

---

Museum für Moderne Kunst in San Francisco, 1989/90–1995
Die Brücke im oberen Teil (unter dem Oberlicht), die zum letzten Saal führt

Museum of Modern Art, San Francisco 1989/90–1995
The high-level bridge below the skylight leads to the final exhibition room

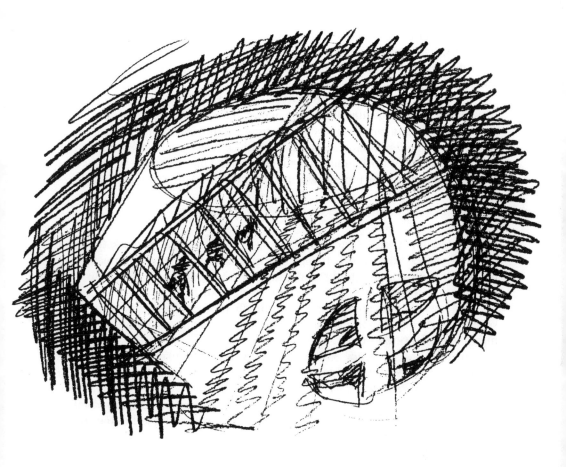

Das Gebäude, so zeigt der Überblick von der Straßenfront, trennt den Park vor ihm vom Wolkenkratzer aus den 30er Jahren hinter ihm; die Front ist auf jedem Niveau zurückgestaffelt, um die Zenitalbeleuchtung der darunterliegenden Galerien zu gewährleisten. Entsprechend den einzelnen Funktionsbereichen differenziert sich die architektonische Behandlung der Mauerflächen; so besteht eine Hierarchie zwischen dem unteren Gebäudeteil (der noch stärker der Stadt angehört; hier zeigt die plastische Mauerung Backsteine im Winkel von 45°) und den oberen Teilen des Museums, die strenger wirken, je weiter sie von der Straßenfront abrücken. Die Seitenfassade wirkt wie ein Querschnitt: die Lage der Ausstellungsgalerien unterstreicht hier noch die vertikalen Verbindungen und die Büros in den dahinterliegenden Volumina.

Ein Detail in der Mauer über dem Eingangssäulengang (ein vertikaler Einschnitt) hebt die zentrale Öffnung hervor: Es markiert die zentrale Achse des Gebäudes und bietet eine Orientierung für die Ausstellungsgänge. Ein Detail an der Seitenfassade zeigt die «kunsthandwerkliche» Behandlung der Fertigteile *Made in USA*, eine Mauerfläche, die auf die traditionelle Bauweise in San Francisco Bezug nimmt, wie man sie noch an dem würdevollen Eckge-

determines the layout of the exhibition spaces. The detail on the side of the building draws attention to the "crafted" treatment of the American-style prefabricated panels, establishing a link with San Francisco's traditional construction techniques which are still evident in the yellow brick corner building not far from the museum. This dignified corner building was already scheduled for demolition as the city rapidly transforms itself and old buildings have to be replaced.

But now, the presence of the new brick-fronted museum indirectly enhances the beauty of the older building, which may be preserved as a result. *So the new can sometimes lend a helping hand to the old!*

The interior of the museum is characterised by two distinct types of space – the exhibition galleries, where architectural intervention is limited to the roof (ceiling) design which supplies the natural lighting needed to ensure that the exhibits themselves are the real focus of attention (in other words, architecture makes room for art); and the "collective" public spaces which are overtly designed to attract and involve visitors. Thus, there is a marked contrast between the almost neutral *sotto voce* space of the exhibition galleries,

Museum für Moderne Kunst in San Francisco, 1989/90–1995
Das Museum in seinem urbanen Kontext

*Museum of Modern Art, San Francisco 1989/90–1995
The museum in its urban setting*

bäude nicht weit vom Museum sehen kann, dessen Abriß bereits geplant war. Heute wertet das Museum mit seiner Mauerfassade auch diesen Altbau wieder auf, und so besteht die Hoffnung, daß er erhalten bleibt: *Wenn das Neue dem Alten hilft!*

Innen wird das Museum von zwei Arten von Räumen charakterisiert: den Ausstellungssälen, bei denen sich die architektonische Gestaltung auf das Dach (die Decken) und das Beleuchtungssystem beschränkt, um die Kunstwerke voll zur Geltung kommen zu lassen (die Architektur läßt hier also Raum für die Kunst); die «Gemeinschafts-»Räume, das heißt die öffentlichen Bereiche, die im Gegensatz dazu architektonisch durchgestaltet sind und so die Benutzer einbeziehen.

Es besteht also eine Dualität zwischen dem geschlossenen, beinahe neutralen Raum der Ausstellungsgalerien und sehr ausdrucksstarken Räumen, die auch das Zirkulationssystem vom Erdgeschoß bis zur «transparenten» Brücke im letzten Geschoß, die zur Galerie für die Wanderausstellungen führt, einschließen.

Was bei den vier Ausstellungsbereichen in den oberen Geschossen variiert, sind die Raumhöhen und entsprechend die Beleuchtung. Die großen

and the distinctively designed public space which provides circulation from ground level to the transparent bridge on the top level leading to the contemporary art galleries.

The ceiling heights of the four exhibition areas on the upper levels vary from 4.5 to 7 metres so that different intensities of light can be provided by the same system of rooflights in each area. In effect, the ceilings are big natural lamps designed to generate filtered light. The public spaces make use of three materials. The basic flooring is black granite with either a polished finish to make it jet black, or an iridescent finish to give it a grey sheen. The ground level walls and the ceilings in the circulation areas are covered with pale maple, while the upper floor panelling is stained white.

One image is especially dear to me. When the San Francisco fog comes rolling in from the Golden Gate Bridge, the "eye" of the museum rises above it like some anthropomorphic presence keeping watch over the city, a physical symbol of a public building determined to reaffirm its role in the life of the city, or, as my friend Pietro Consagra recently suggested to me, "an altar for the city rising behind it".

Lichtöffnungen in den Decken wirken wie «natürliche Lampen», die das Licht «filtern». Die Gestaltung der Oberlichter wiederholt sich in den verschiedenen Galerien, die von Mal zu Mal unterschiedlich hoch sind (zwischen 4,5 und 7 Meter).

Beim Innenausbau der öffentlichen Bereiche wurden drei Materialien eingesetzt: Der Fußboden besteht im Erdgeschoß aus poliertem schwarzem Granit (der ein vollständig gesättigtes schwarz zeigt) oder gemasertem Granit (der einen grauen Farbton annimmt); die Wände des Erdgeschosses und die Decken der Gänge sind mit Ahornpaneelen verkleidet, während die Wandpaneele in den Obergeschossen weiß gestrichen sind.

Ein Erscheinungsbild des Museums hat es mir besonders angetan: Wenn im Nebel, der von der Golden Gate-Brücke nach Downtown San Francisco hineinzieht, das Museum besondere Ausdruckskraft gewinnt und mit seinem über der Stadt wachenden Zyklopenauge zu einer fast anthropomorphen Gestalt wird. Physisches Zeichen einer öffentlichen Einrichtung, die für sich eine eigene Rolle in der Stadt beansprucht, «ein Altar für die hinter ihm liegende Stadt», wie es kürzlich mein Freund Pietro Consagra ausdrückte.

**Die Stadt in den Grenzen
des Entwurfs**

**The City and the Limitations
of Architecture**

Die Stadt ist das Haus des Menschen, der Ort, wo der Mensch als Sozialwesen Umgang mit seinesgleichen hat. Jede Architektur strebt danach, Teil des größeren Bauwerks, des umfassenderen Bildes der Stadt zu werden. Wenn ich ein Haus, eine Schule, eine Kirche, eine Brücke oder ein Theater entwerfe, entwerfe ich immer auch einen Teil der Stadt, einen Raum, der seine Grundlage in seiner interaktiven Gesamtgestaltung findet. Diese kontinuierliche Beziehung aus Geben und Nehmen, die zwischen Bauwerk und Kontext besteht, hat für mich einen hohen Stellenwert. Bei meiner Entwurfsarbeit ist die Architektur daher notwendig auf ihren Kontext, auf die jeweilige Topographie und den Standort bezogen. Man könnte sagen, daß die Architektur mehr ist als eine Disziplin, die sich mit der Bebauung an einem bestimmen Ort beschäftigt; vielmehr schafft und baut sie diesen selbst in dem Sinne, daß sie vom Land Besitz ergreift und mit ihrer Form zu seiner Matrix wird. Statt eines bloßen Baukörpers, der auf ein Stück Land gesetzt ist, wird sie so gleichzeitig beinahe zu einer Substanz, die aus ihm hervorgeht, sich aus seiner Form, seiner Geschichte und seiner Erinnerung entwickelt, um mit den anderen vorhandenen Elementen in einer Art fließender Kontinuität zu kommunizieren. Die Stadt kann also wie ein großes Bild gelesen werden: Jedes-

The city is a home for human beings, the place where people come together and interact, precisely because it is, by definition, a public place. The aim of any building is to make itself a part of the more inclusive constructed image of the city. Whenever I design a house, a school, a church, a bridge or a theatre, I design a part of the city, a space whose *raison d'être* lies in the complexity and interactivity of its configuration. I always firmly insist on this ongoing relationship of give and take between a building and its context. As I see it, a building cannot be imagined independently of a context, a geographical situation, a site. It could even be said that architecture is not so much the construction of a building in a place, as the construction of the place itself, in the sense that a building takes possession of a site, shapes it, becomes its matrix. At the same time, a building is less a structure set down on the ground, than a substance which emanates from the ground, which feeds on the structure, history and memory of its site so as to establish a fluid and continuous relationship with other surrounding features. Thus, the city may be seen as a grand design. Whenever architectural intervention transforms a site, the city acquires a new feature and grows by a process of con-

mal, wenn die Architektur verändernd eingreift, wird dieses Bild durch ein neues Zeichen bereichert und wächst in einem beständigen Prozeß der Schichtung. Was einst ein Grünbereich war, wird Wohnraum; ein extensiv bebautes Areal verdichtet sich und wird zum Gemeinschaftsraum mit eigener Ausstattung; obsolet gewordene Bauten verwandeln sich und leben durch neue Formen und Funktionen wieder auf.

Die Geschichte der Stadt ist die Geschichte dieses Wachstums, dieser beständigen Konsolidierung. Es ist nicht möglich, zu einem gegebenen Zeitpunkt die Stadt als fest umschriebene Gesamtheit zu sehen; ich glaube, sie muß vielmehr notwendig in langen Zeiträumen betrachtet werden. Auch Städte, denen man eine einheitliche Form geben wollte, konnten nicht dem deutlichen Widerspruch entgehen, trotz ihrer formalen Vollständigkeit und Einheitlichkeit beträchtliche funktionale Mängel zu offenbaren, gerade weil ihnen Erinnerung, Geschichte, Wurzeln fehlten.

Denken wir an Brasilia: Paradoxerweise beginnt sich die Stadt erst in den letzten Jahren, nach zwei Generationen, zu konsolidieren und sich eine eigene Identität zu erobern. Dies dank der beständigen Korrekturen, die der Stadt, auch wenn sie nicht ihr Gesamtbild ändern, Leben und Spannung ver-

tinuous stratification. What was once a green space becomes an inhabited space. What was once a straggly human settlement gradually consolidates to become a collective space with its own service structures. Buildings which become obsolete are transformed and revivified with new forms and functions.

The story of the city is the story of this growth, this ongoing process of consolidation. The city cannot be seen as an entity *circumscribed* by restricted periods of time; I think that much longer timespans have to be taken into account. Even cities that have tried to shape themselves by imposing unified designs on their development have not escaped the enormous contradiction that, despite their formal integrity, they suffer from really serious functional shortcomings precisely because they have no memory, history or roots.

Take Brasilia, for example. Paradoxically, it is only in recent years, two generations after its founding, that the city has begun to consolidate itself and acquire its own identity thanks to continuous correction and adjustment, the emergence of those timeless values present in all genuine human settlements

leihen und ihr tatsächlich jene Werte zurückgeben, die dem bewohnten Raum eigen sind.

Wenn wir aus einem Gebäude, einem Wohnhaus, einem öffentlichen Bauwerk heraustreten, um in einen anderen Teil der Stadt zu gelangen, durchqueren wir unweigerlich einen Raum, der Haus und Stadt verbindet. Die Stadt ist das Bild dieser Außenräume, und die Volumina der Gebäude geben den Plätzen, Boulevards und Alleen ihr Gesicht. Das wahre Wesen der Stadt ist der Raum, sind die räumlichen Beziehungen, welche die verschiedenen Volumina herstellen. All dies findet jedoch erst in der Erinnerung Zusammenhalt, die uns ständig auf Erfahrungen und Situationen zurückverweist, die wir bereits kennen, weil andere Generationen, ausgestorbene Geschlechter, die uns Vorangegangenen sie bereits durchlebten. Dieses Bewußtsein lebt in uns als Zeugnis einer unendlichen Arbeit und Verwandlung; es bereichert das Gefüge der Stadt um die Komponente der Erinnerung. Noch das armseligste historische Zentrum (für einen Architekten im Grunde eine sehr bittere Feststellung) hat mehr Lebensqualität als die bestgestaltetsten Peripherien heutiger Städte, weil es angefüllt ist mit Erlebtem, mit Geschichte. Dies ist das wahre Erbe, dessen der Mensch bedarf. Es sind gerade die Übergangs-

which, without altering the overall design, have given the new city purposeful life.

Whenever we walk out of a house, a public building or a service structure and encounter other parts of the city, we inevitably find ourselves caught up in a spatial relationship. The city is a design of external spaces, but it is buildings, the physical components of those spaces, that bring life to squares, boulevards and avenues. The city's true nature is revealed by space, and the spatial relationships generated by buildings. However, all this is consolidated by memory, which continually evokes experiences and situations we already know because they were experienced by other generations, the other, now extinct populations which preceded us. It is this permanent inner awareness of endless human endeavour and transformation which adds the dimension of memory to the physical fabric of cities. Though architects may regret the fact, the humblest old town centre has more life than even the most carefully designed suburbs of modern times, for the simple reason that it is steeped in life and history, the true heritage of humankind, which people need if they are to live in the fullest sense.

räume, die metaphorischen Zeugnisse, über die die Stadt eifersüchtig wacht, die das heutige urbane Leben reich und bedeutsam machen können.

Wir kennen alle den Anblick mancher neu errichteter Stadtteile: Messegelände, Industriegebiete, Peripherien. Fast immer wirken sie wie Gettos, selbst wenn es manchmal Luxusgettos sind: Orte der Einsamkeit, an denen man nur mit Unbehagen von einem schlichten Recht wie dem Spazierengehen Gebrauch macht (das Recht zu «flanieren», wie die Franzosen sagen würden), d.h. einen öffentlichen Raum zu erleben, der keine direkte und präzise Funktion hat. Bei neuen Stadtteilen dient heute alles einer Funktion. Was die Stadt dagegen meiner Meinung nach braucht, sind Werte, die nicht streng funktional, sondern mit der kollektiven Erinnerung verbunden sind, die indirekt und vielleicht unbewußt das soziale Leben in der Stadt aufrechterhalten.

Die Idee der Stadt entstand aus der sehr elementaren Notwendigkeit, das schreckliche Gefühl der Einsamkeit zu besiegen. Die Menschen finden sich zusammen, gerade weil sie das Bedürfnis haben, der Isolation zu entkommen, sich mitzuteilen und einander gegenüberzutreten, gerade weil sie räumliche Verbindungen brauchen, die (mit Hilfe der Geschichte) Kraft spenden, anregen, Orientierung geben, und zwar auch für künftigen Wandel.

Only the transitional spaces and jealously guarded metaphorical structures of old cities can make modern urban life meaningful and qualitatively significant.

We are all familiar with new features of cities like trade fairs, industrial estates and urban fringes. Almost always they look like ghettos – sometimes luxurious ghettos, to be sure, but ghettos nonetheless. These are lonely places – places of solitude – where even the exercise of a simple human right like going out for an aimless stroll – *flâner*, as the French would say, or in other words, simply being in spaces that have no direct or clearly defined function – generates a sense of unease. Everything in modern cities is designed to perform a precise function. In my view, what cities must now try to do is revive those less functional values linked to collective memories of place because, indirectly and perhaps without people being aware of it at first, these values are the organisational mainstays of social life.

The concept of the city was born of the simple, primal need to overcome the terror of loneliness. People congregate because they need to escape isolation, to communicate, and to measure themselves against other people. They

Dennoch befindet sich die Stadt, die Ausdruck der eben beschriebenen Bedürfnisse ist und die man als formale Repräsentation von Geschichte interpretieren kann – folglich nicht der verschiedenen Funktionen, sondern der menschlichen Geschichte in ihrer Gesamtheit – heute in einer tiefen Krise. Es gibt heute keine Stadt, die nicht von einer tiefwurzelnden Krankheit befallen wäre: kein Ort, wo sich nicht Bauwerke fänden, die ursprünglich einem funktionalen Bedürfnis dienen sollten und sich dann oft als schädlich für das Leben der Menschen erwiesen haben. Es wurden auch «villes nouvelles» als Alternativen zur strahlenförmig angelegten Stadt geschaffen, aber mit ihnen entstanden neue Verkehrs- und Mobilitätsprobleme, oder sie führten im Vergleich zum Reichtum der Altstädte zu einem Gefühl der Vereinsamung. Die ständig auftretenden Probleme zeigen, daß es unmöglich ist, sie in kurzer Zeit in ihrer Gesamtheit zu lösen; sie erinnern uns daran, daß die Stadt nur in einem geschichtlichen Prozeß Gestalt gewinnen kann. Doch gerade in den vergangenen Jahren sind wir allzu forsch ans Werk gegangen: Wir haben Veränderungen mit einer Beschleunigung herbeigeführt, die in der Vergangenheit undenkbar war; wir haben unsere Neubaugebiete verzehn-, verhundert- und vertausendfacht und den Flächenverbrauch mit einer Geschwin-

need interactive spaces in which a sense of history lends force and meaning to life, and points the way to future transformations.

However, the city I have described – the city which, as an expression of these needs, may therefore be seen as a formal representation of human history in the total rather than more limited functional sense – finds itself in deep trouble in today's world. No modern city has escaped the deep-seated malaise resulting from the sad fact that buildings designed to meet purely functional needs often have a negative influence on people's lives. New towns have been created as an alternative to radial cities, but new problems of traffic and mobility have arisen as a result, and loneliness, rather than the social richness of older cities, is the prevalent mood. The fact that these never-ending problems cannot be dealt with *in toto* in any reasonably short space of time seems to suggest that only history itself can shape the way cities grow. And yet, recent developments in our post-consumer age show that we are trying to run faster than history itself. The sheer pace and volume of modern urban transformation would have been unthinkable in the past; we have multiplied urbanised space ten-, a hundred- or even a thousand-fold, and at a

digkeit erhöht, die bestehende Gleichgewichte zerstört hat, ohne die noch bis zum Beginn dieses Jahrhunderts den Städtebau kennzeichnende relative Muße, die nötig ist, um die Entwicklung in geregelte Bahnen zu lenken. Tatsächlich wuchs die Stadt immer, um den Bedürfnissen der Menschen gerecht zu werden, doch geschah dies in einem viel langsameren Prozeß, der genügend Zeit ließ, um frühere bauliche Veränderungen der Stadt zu assimilieren und sie sedimentieren zu lassen, ohne sie abrupt ihres Gehaltes zu berauben, wie es heute in den Stadtrandgebieten und den verstreuten Ausfransungen der Ballungsräume geschieht.

Andererseits haben heute besonders europäische Städte mit einer Reihe von Problemen zu kämpfen, die noch bis vor kurzem undenkbar schienen. Die neuen Immigranten beispielsweise verstärken noch die bereits großen Belastungen der Stadt. Die Menschen der Dritten Welt, die Entrechteten, die unterdrückten Völker, die ärmsten und vergessensten Ethnien klopfen nach dem Zusammenbruch der Ideologien, die in gewisser Weise ihre Sehnsüchte kontrollierten und eindämmten, an die Türen der westlichen Städte: Sie klopfen dort, wo am meisten Reichtum herrscht, wo es die Möglichkeit oder die Hoffnung gibt, zu überleben. Dies führt zur Bildung von Armutsquartieren

speed that has overwhelmed the existing balance of our cities. Land is being eaten up at an increasing rate, yet without allowing the time for settlement and consolidation that was normal in cities built in previous centuries. Cities have always grown in response to human needs, but in the past this was a slow process which allowed time for earlier interventions to settle and be assimilated in socially meaningful ways, unlike today's suburbs and urban fringes which are never given time to accumulate meaning and significance.

On the other hand, our cities, especially those in Europe, increasingly have to cope with forms of urbanisation unthinkable even a few years ago. Think of the new population migrations that are exacerbating our already serious urban problems. With the collapse of the ideologies that to an extent controlled and contained their aspirations, Third World migrants, oppressed peoples, the world's poorest (and long forgotten) ethnic groups, and outcasts in general are now knocking on the doors of the Western cities which offer greater wealth and the possibility – or hope – of survival. This is creating "pockets" of poverty which are not always easy to identify, as new ethnic groups settle, congregate, divide up and move around haphazardly in urban

und Elendsnestern, die nicht mehr so leicht zu überblicken sind: Neue ethnische Gruppen ziehen in die Städte, konzentrieren sich in manchen Quartieren, ziehen aber in der Folge in unvorhersehbarer Weise auch in die anderen Stadtviertel. Die Kategorien, die traditionellen Quartiere, nach denen sich die Stadt gliederte (Arbeit, Wohnen, Dienstleistung, Freizeit, Verkehr) geraten durcheinander, weil diese neue Durchmischung die Stadt in ungewöhnlicher Weise in Anspruch nimmt und die hergebrachte Besiedlung des Raums in die Krise bringt.

Ich lebe in der Schweiz; auch hier ist es zu noch vor einigen Jahren undenkbaren Zuständen gekommen. Im Zentrum von Zürich, dieser äußerst reichen Bürgerstadt, haben sich Gruppen von Drogensüchtigen (eine neue urbane Randgruppe) eingerichtet und in kurzer Zeit die Stadtstruktur und das bestehende Gleichgewicht wahrhaft aus den Angeln gehoben. Zuwanderergruppen ziehen in Stadtrandlagen und nehmen Areale in einer Art und Weise in Beschlag, die mit den Verhältnissen in lateinamerikanischen «favelas» vergleichbar ist, deren dramatische Aktualität wir erst heute begreifen. Vor einigen Jahren sprach ich darüber mit José Moreira in Rio de Janeiro; er erklärte mir sehr anschaulich, daß alle Versuche, diese Elendsmassen außer-

areas. The traditional organisation of our cities (work, residence, services, leisure, transport) is being undermined because the new social structures being created in response to these movements are not following the usual patterns of urban settlement.

I live in Switzerland, where situations unthinkable only a few years ago are beginning to develop. The groups of young drug addicts (our new urban outcasts) who are settling in the centre of wealthy, middle-class Zurich have quickly shown that they are the real subversive force in the city's urban structure, whose existing equilibrium is being undermined as a result. Immigrants are also moving into the urban fringes, where they occupy disused land and spaces, much as happens in the *favelas* of Latin American cities. Only now are we beginning to understand the crucial importance of settlements like these to the development of today's cities. When I discussed this some years ago with José Moreira in Rio de Janeiro, he told me that all attempts to relocate the disinherited masses encamped on the outskirts of the city had only created even worse problems (such as transport). He also said that these masses had become a structural component of the city's broader social or-

halb der Stadt anzusiedeln, am Ende nur zu immer größeren Problemen führten (z.B. im Hinblick auf die Transportmittel). Im übrigen seien sie bereits «fester» Bestandteil der Sozialstruktur, ein Reservoir von Arbeitskräften in der Nähe der Produktionsstätten, unverzichtbar für das Überleben der wohlhabenderen Bürger. Die jüngsten Migrationsbewegungen haben jedoch andere und noch unbekannte Konsequenzen, denn hier geht es um massenhafte Wanderungen über riesige Entfernungen (von Afrika und den östlichen Ländern Richtung Europa); sie haben enorme Auswirkungen auf die traditionelle Stadt und stellen das größte Problem des künftigen Städtebaus dar.

Vor einiger Zeit war ich in Mexiko Stadt (ein riesiger Ballungsraum, der vielleicht das Symbol der großen Widersprüche der zeitgenössischen Welt ist) auf einem Architektur-Kongreß und hatte die Chance, mit dem ersten Architekten der Stadt einen Panoramaflug im Hubschrauber machen zu können. Es war ein verstörendes Erlebnis, Stadtentwicklungen, die man nur aus Büchern kennt, direkt vor Ort zu besichtigen. Mir war die *historische* Schichtung der Stadt als ein langsamer Prozeß vertraut, der, fest in der Geschichte wurzelnd, an den *Zeichen* der letzten Umgestaltungen erkennbar ist. Hier dagegen war alles gleichzeitig vorhanden. Ich sah das historische Zentrum,

ganisation. As reservoirs of cheap labour living around potential places of work, they are now essential to the survival of the middle-class city itself. However, the effects of more recent waves of immigration have yet to be assimilated and understood. These huge movements of people across enormous distances (from Africa and the eastern countries towards Europe) are having a profound effect on our traditional cities. This kind of immigration will be our most serious urban problem in years to come.

I was recently invited to an architectural conference in Mexico City, that huge city which perhaps epitomises better than any other the contradictions of the modern world. While I was there, I was fortunate enough to be taken on a helicopter tour by the city's chief architect. The experience was both revealing and disturbing because it was like witnessing first-hand the processes of urban development I had previously only studied in books. I had always seen the *historical* stratification of the city as an extremely slow process rooted in history itself, and discernible only from the *physical signs* of the city's most recent transformations, whereas from the helicopter everything seemed to be happening at the same time. I saw the historical centre,

die Stadtteile aus dem 18. Jahrhundert, die einst die konsolidierte Struktur der Stadt darstellten, die Viertel des 19. Jahrhunderts, die Erweiterungen des 20. Jahrhunderts und die spätere Entwicklung immer größerer Viertel bis an den äußersten Stadtrand, wo die «campesinos» ankommen und die ersten Baracken bauen. Ich sah, wie sich das Land in Stadt verwandelte, mit dem provisorischen Verlauf der ersten Wege und Abwasserkanäle. Und ich sah, beeindruckend und erschütternd zugleich, die Bauten, derer sich die Stadt heute bedienen muß, um ihre Ausdehnung und ihr andernfalls vollends unkontrollierbares Wuchern zu beschränken: die großen Mauern an den Berghängen als physische Barrieren der Eindämmung und Begrenzung.

Was wir bis vor wenigen Jahren noch als Ergebnis einer langsamen Schichtung deuten konnten, ist heute nur noch Erinnerung. Die zeitgenössische Stadt scheint unaufhaltsam zu wachsen und folgt dabei Triebkräften, die die traditionelle Ordnung in Frage stellen. Wir müssen leider konstatieren, daß unsere Generation auch für die ungezügelte Bautätigkeit verantwortlich ist, mit der die erkennbaren Unterteilungen in homogene Stadtviertel, die es bis vor wenigen Jahren erlaubten, die Stadt zu lesen und zu interpretieren, verschwunden sind.

---

the eighteenth-century areas which constitute the consolidated structure of the city, the nineteenth-century districts, the twentieth-century additions and subsequent urbanisation on an increasingly vaster scale, and finally, the outer fringes where the *campesinos* have settled in shanty towns. I saw the makeshift footpaths and irrigation schemes which mark the transformation of countryside into city. I saw the huge structures which the authorities had been forced to build to limit the city's otherwise uncontrollable expansion – the great walls on the mountain slopes which serve as physical barriers containing and marking the limits of urban growth.

What, until a few years ago, could still be seen as the result of slow, continuous sedimentation now seems a distant memory. Today's urban growth is unstoppable, and is challenging the traditional configuration of our cities. Unfortunately, we have to admit that our generation is responsible for this mushrooming growth which has obliterated the homogeneous zoning that until a few years ago made our cities intelligible and comprehensible.

What do architects have to suggest when faced with problems like these? The answer is, several things. First, outward growth must be drastically cur-

Wie könnte, angesichts dieser Probleme, der Rat eines Architekt aussehen?

Es gibt einige mögliche Lösungsansätze. Der erste wäre, die Ausdehnung der Städte einzudämmen und in ihrem Inneren große, heute ungenutzte Flächen zurückzugewinnen (Industriegebiete, Kasernen; Verkehrsflächen etc.); die heute erforderliche Verdichtung müßte dabei zugleich zur allgemeinen urbanen Aufwertung dieser Areale beitragen. Aber für eine Neugliederung des urbanen Raumes müßte man vor allem klare Zielvorgaben schaffen und angemessene Werkzeuge bereitstellen, um sie zu erreichen. Die traditionellen Mittel (die verschiedenen Arten der Raumentwicklungs-, Raumordnungs- und detaillierten Bebauungspläne) sind durch die Schnelligkeit der Veränderungen tatsächlich überholt: Wenn sie in Kraft treten und angewendet werden, hat sich die Wirklichkeit bereits verändert.

Daraus folgt, daß die Verfahrenstechnik des Plans keine erfolgreiche Kontrolle mehr sicherstellt; sie taugt nicht mehr, um eine Entwicklung, ein Modell, ein Bild vorzugeben. Dies war in der Stadt des 19. Jahrhunderts möglich, mit der ihr eigenen Sozialstruktur und einer Bauwirtschaft, die nur mit einer begrenzten Anzahl von Häusertypen arbeitete.

tailed by redeveloping disused inner-city areas (industrial, military, infrastructures, etc.) to meet quantitative demand as well as encourage a more general process of qualitative rehabilitation. But to do this you need clear objectives and the right sort of instruments. Traditional instruments like planning schemes, partial redevelopment programmes and volumetric plans are overtaken by the sheer speed of today's transformations: by the time they are implemented, the situation has already changed.

So conventional planning is invalid because it can no longer impose coherent patterns and images on urban development, as was possible with nineteenth-century cities which had their own forms of social organisation and a limited number of building typologies.

As the transformations brought on by the electronic and infotech revolution modify still further the configuration of public space in our cities, development plans become increasingly unfocused and generalised. The truth is that architects are ill prepared for this new situation, even though they realise that improving the quality of public space is an essential precondition for improving the overall quality of life.

Unsere Bebauungspläne weisen immer undifferenziertere Stadtteile aus; auch die großen Veränderungen durch die elektronische Revolution haben ihr Teil dazu beigetragen, die physische Form des kollektiven Raums in der Stadt zu wandeln. Der Architekt ist auf diese Situation nicht vorbereitet, auch wenn er sich bewußt ist, daß die Qualität des öffentlichen Raums eine Grundbedingung für die Verbesserung der allgemeinen Lebensqualität ist.

Ich glaube nicht, daß es heute Menschen oder Institutionen gibt, die angesichts der Strukturprobleme der Stadt klare Antworten geben können. Ich glaube, daß wir mit großer Bescheidenheit zuerst versuchen müssen, den öffentlichen Charakter jedes einzelnen architektonischen Zeugnisses zurückzugewinnen: Eine Brücke ist jenseits ihrer technischen Dimension ein Zeichen für die Verbindung zweier Teile, zwischen zwei Ufern, die sich vereinen wollen; ein Haus ist zugleich Modell einer Möglichkeit, ein Wohngebiet zu strukturieren; ein Dienstleistungsgebäude ist auch ein Symbol, in dem sich die Gemeinschaft wiedererkennt.

Architektonisches Schaffen beginnt, wo sich die technischen und praktischen Anforderungen nicht mehr allein als «funktional» darstellen, sondern durch sie andere Werte geschaffen werden, um den größeren Kontext des

As things stand at the moment, I don't believe we have the structures, people or institutions we need to tackle these problems in a convincing way. I think that, with all humility, we must first try to reinstate the collective, public function of each individual piece of architecture: technical features apart, a bridge is a physical indication that people want two parts of the city, two separate banks, to be united; the design of a house points to ways of organising an entire neighbourhood; a service building is also a symbolic presence with which people can identify.

Architecture becomes creative when technical and practical needs are no longer perceived as merely "functional", but as vehicles for other values which help to generate contexts that are interactive on a much broader scale. We must constantly strive to ensure that architecture loses none of its ability to enhance and enrich our cities. The unstoppable transformation of genuine urban fabric into seamless urban construction should remind architects that they must lose no time in assuming the new responsibilities that come with building in today's world. Recent "minimalist" intervention in Barcelona shows that we have to rethink our ideas about the city, and that "disused"

Territoriums einzubeziehen. Wir sollten wachsam sein, wo die Architektur ihre Fähigkeit verliert, die Stadt zu bereichern. Die unaufhaltsame Verwandlung der Städte in sich ausdehnende Ballungsräume sollte den Architekten veranlassen, mehr Verantwortung zu übernehmen. Ein Beispiel aus jüngster Zeit ist Barcelona, wo eine Reihe von «minimalistischen» Eingriffen deutlich gemacht hat, daß eine neue Interpretation dessen, was wir Stadt nennen, notwendig ist; Barcelona hat die Möglichkeit gezeigt, «Brachflächen» in «gestaltete», in «urbane» Flächen zu verwandeln. Dies ist die große Herausforderung der zeitgenössischen Architektur.

areas can be transformed into designed urban spaces. This is the great challenge facing architecture today.

Drei Entwürfe

Im Lichte der vorstehenden Betrachtungen möchte ich drei «urbane» Entwürfe illustrieren, die diese allgemeinen Fragen auf die Ebene der alltäglichen Arbeit zurückführen und deutlich machen, wie sich die kritische Interpretation der Stadt und ihres Territoriums auf die architektonischen Lösungen ausgewirkt hat.

Das erste Gebäude ist das Ergebnis eines 1982 entworfenen und zwischen 1984 und 1988 ausgearbeiteten und ausgeführten Wettbewerbsbeitrags. Es handelt sich um den Entwurf des neuen Sitzes der Banca del Gottardo in Lugano.

Die Altstadt von Lugano liegt eingebettet zwischen einem Hügel und dem See auf einem engen Areal, das erst in diesem Jahrhundert nach Norden erweitert wurde, um den Erfordernissen der Stadtentwicklung zu genügen. Im typischen Schachbrettmuster der Stadt des 20. Jahrhunderts besteht das Grundstück für die neue Bank aus der Zusammenlegung von vier Baulosen, auf denen vorher je eine «Villa» stand. So war die neue Bebauungsfläche von Anfang an im Hinblick auf ihren Kontext «überdimensioniert» und hätte ent-

Three Projects

I'd now like to describe three urban projects which show how the general considerations I have just outlined can be applied to real situations. They also show how a critical consideration of cities and their outlying areas can influence the design of individual buildings.

The first, the new Banca del Gottardo building in Lugano, was submitted for a competition in 1982. The project was subsequently finalised and built between 1984 and 1988.

The old city of Lugano lies on a narrow strip of land between a hill and a lake, so expansion to the north has been the only way of meeting urban development needs in this century.

The site for the new bank was obtained by amalgamating four typical twentieth-century grid plots, each of which had previously been occupied by a detached house, so the resulting larger plot, with a continuous avenue-facing front over 140 metres long, was already out of scale with its context.

Gotthard-Bank in Lugano, 1982–1988
Lageskizze mit historischem Zentrum und Erweiterung aus dem 20. Jahrhundert
Der Wechsel von Fassadenfronten und Einschnitten entlang des Viale Stefano Franscini
Schema der Fußgängerwege und das Grün am Viale Stefano Franscini

Banca del Gottardo, Lugano, 1982–1988
Plan of Lugano showing the old centre and twentieth-century development
The alternating solids and voids of the project in Viale Stefano Franscini
Plan of the pedestrian routes and green space on Viale Stefano Franscini

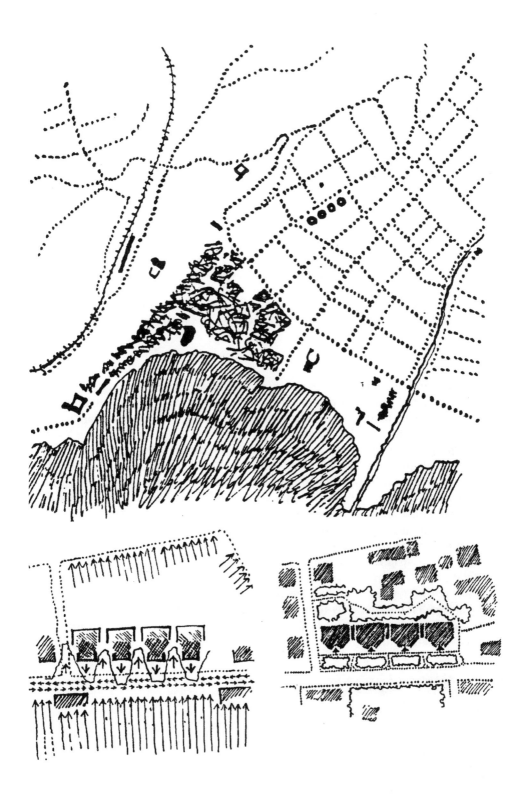

lang der Allee vor ihr die Möglichkeit zu einer über 140 Meter durchlaufenden Front geboten.

Der ausgearbeitete Entwurf versucht, diese Anomalie zu korrigieren und schlägt die Aufgliederung des neuen Gebäudes in vier bauliche Einheiten vor; diese sind untereinander durch Volumina verbunden, die im Hinblick auf die Straßenfront zurückgesetzt sind, eben in der Absicht, die historische Erinnerung der früheren Raumaufteilung wachzuhalten. So gewann der Entwurf ein maßstabgerechtes Verhältnis zum Kontext, indem er die funktionalen Erfordernisse der Notwendigkeit einer Neuinterpretation des urbanen Raums «unterordnete». Der Entwurf schlägt die Veränderung des heute üblichen Gebäudeaufbaus vor (das Modell von Büroräumen, die sich mit einem Korridor im Zentrum an den Fronten entlangreihen), und gibt statt dessen den Erfordernissen der Stadtgestaltung den Vorzug. In einem gewissen Sinne ist die Geschichte der Stadt hier als fundamentaler Parameter in die Planung eingegangen und hat die Anlage des Gebäudes verändert, die mit einer Reihe von «Turm-»Vorbauten Gestalt annimmt und den Rhythmus der städtischen Allee aufnimmt. Die Architektursprache, die Handschrift, offenbart sich dann am endgültigen Erscheinungsbild; so bekräftigen die Stirnseiten ihren Willen

The final project sought to rectify this anomaly, and reinstate the historical and spatial character of the original fabric, by dividing the new building into four separate units interlinked by volumes set back from the street front. By adapting the functional needs of a bank to those suggested by a fresh interpretation of urban space, the design successfully rescales the building to its context. In effect, a well-established typology – a sequence of externally aligned offices with a central connecting corridor – is tailored to the morphological requirements of the city. In a sense, the city's history was assimilated as a fundamental parameter during the design process, so that the four tower-like volumes standing forward of the main bulk reproduce the original architectural rhythm generated by rows of detached houses strung out along the avenue. Architectural language thus makes a crucial contribution to the building's overall image and effect: the four head volumes emerge confidently from the rear volume and relate proactively with the context. The ground level is given over entirely to public spaces. Filter structures, like the row of trees and the portico, lead to four distinct public areas – a restaurant, the main banking hall, the staff entrance and an art gallery. The rear volume has

Front am Viale Stefano Franscini
Grundriß des Mustergeschosses

Front elevation on Viale Stefano Franscini
Plan of typical floor

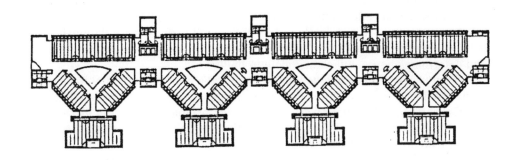

zur Unterscheidung, indem sie sich vom zurückgesetzten Volumen abheben und als aktiver Teil in Dialog mit dem Kontext treten. Eine Konstante ist dadurch gegeben, daß sich im Erdgeschoß vorzugsweise Räume für den Publikumsverkehr befinden; so schaffen eine Reihe von Filtern (Baumbepflanzung, Säulengang) vier öffentliche Bereiche: das Restaurant, das Atrium des Schalterraums, den Personaleingang und eine Kunstgalerie. Der Gebäudeteil dahinter hat eine geringere bildliche Ausdruckskraft: Große «Sonnenblenden» aus Stein und vorgefertigte Bauelemente unterstreichen den sekundären Charakter dieser Fassaden. Auch durch diese Fronten soll zum Ausdruck kommen, daß der Entwurf dem Problem der Stadt nicht nur durch die Außenfassaden begegnet, sondern auch durch große plastische Baukörper von großer Tiefe.

So wie bei alten Häusern Gesimse das Spiel des Lichts auf die Fassaden zurückbrachten, sind es in diesem Fall die tiefen Einblicke, die zwischen dem Innenraum und dem Raum der Stadt vermitteln und das Bild der Fassade modulieren.

Im Eingangsbereich, wo sich der Säulengang in doppelter Geschoßhöhe befindet, sieht man im Inneren das Licht, das in die Tiefe des Gebäudes vor-

less visual impact, with big stone brise-soleils and prefabricated elements emphasising the secondary role of the façade. Here, too, the aim was to relate the building to the city by means other than the simple surface appearance of the façades. The façade mouldings of old palaces used light-and-shadow effects to produce a sense of depth; in this building, it is the visual relationship between interior and exterior space which creates an impression of depth and determines how the façades relate to the city.

When viewed from the outside, the light in the entrance area behind the double-height portico visibly permeates the entire depth of the building, while a corresponding impression of height is produced by the light shaft rising through the upper floors, as if to confirm Heidegger's observation that people truly inhabit a space when they are able to get their bearings in it. Whenever possible, I think it is important to include architectural features which serve as reference markers within the complex interior space of a building. However, the biggest surprise comes when you realise that if a project relates well to its context, the constructed building itself tends to do the same. In this particular case, I was surprised to discover that the front of

Gotthard-Bank in Lugano,
1982–1988
Perspektivische Skizze der Turmvorbauten, die den Rhythmus der städtischen Allee aufnehmen

Banca del Gottardo, Lugano
1982–1988
Perspective sketch of the forward-standing towers which form a rhythmical sequence along the avenue

dringen kann. Dieser Eindruck von Tiefe, wie der Eindruck von Höhe, den der Lichtschacht erzeugt, der in zentraler Position die oberen Geschosse durchquert, bestätigt die Beobachtung Heideggers, daß der Mensch «wohnt», wenn er die Möglichkeit hat, sich im Inneren eines Raums zu orientieren. Ich glaube, daß es wichtig ist, wo möglich architektonische Zeichen zu schaffen, die im Inneren der räumlichen Komplexität eines Gebäudes Bezugspunkte darstellen können. Am meisten überrascht jedoch vielleicht, wenn man feststellt, daß ein Entwurf, der gut auf seinen Kontext bezogen ist, auch viel leichter dessen positives Echo findet. Ich war erstaunt, als ich entdeckte, daß die Lage der Front des ersten Gebäudeblocks genau auf der Achse der Straße vor ihm liegt, ohne dies bei der Planung vorgesehen zu haben. Wenn die Vorgehensweise solide ist, macht sich dies auch später bezahlt. So wie es einen Gott der Betrunkenen gibt, gibt es ab und zu auch einen Gott der Architekten, der auf Vorzüge von Lösungen weist, derer man sich vorher gar nicht bewußt war.

Ein anderes Projekt, das jüngst in Basel fertiggestellt wurde und aus einem Wettbewerb von 1986 für den neuen Sitz der Schweizerischen Bankgesellschaft hervorging, bot eine interessante Möglichkeit, die Stadt zu interpretieren. Es ging darum, einen Boulevard aus dem 19. Jahrhundert vor den

the first block is positioned exactly on the axis of the street in front, something which had not been foreseen at the project stage. Doing things the right way from the start pays dividends in the long term. People say there is a God who ensures that drunks come to no real harm. Perhaps there is also a God who sees to it that some of the half-conscious decisions we architects make turn out for the best in the end.

The recently completed Union Bank of Switzerland building in Basel, another competition project dating this time from 1986, also offered an interesting opportunity to look afresh at the city. The brief was to design an end building for a nineteenth-century boulevard opposite the entrance to the old city, one of those typical boulevards leading off from the central station whose rows of adjacent buildings form a continuous street front. Though the competition rubric specified a corner building between two roads, I regarded this as a gross error because it seemed more important to bring the main road to a logical and convincing architectural conclusion before it turned the corner to encounter the more open twentieth-century construction along the road running perpendicular to it. So the project developed from an urban rather than

Schweizerische Bankgesellschaft in Basel, 1986–1995
Das «Gesicht» des Gebäudes zum vorgelagerten Platz
Lageskizze mit angrenzender Bebauung am Aeschengraben und die einzelnen Gebäude entlang der St. Jakobstraße

Union Bank of Switzerland, Basel 1986–1995
The "designed" face overlooking the square in front
The site of the bank showing the adjacent urban fabric on the Aeschengraben and the individual buldings on St. Jakobsstrasse

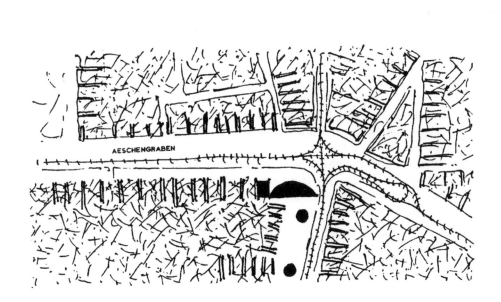

Toren der Altstadt baulich abzuschließen: einer jener Boulevards, die vom Bahnhof in die Stadt führen und von einer Reihe angrenzender Gebäude charakterisiert werden, die seine Front bilden. Die Ausschreibung sprach von einem Gebäude, das als Eckbau an der Kreuzung zweier Straßen errichtet werden sollte. Ich war allerdings der Meinung, daß es sich dabei um eine ganz falsche Einschätzung handelte, da die größere Aufgabe vielmehr darin bestand, die Hauptstraße am Übergang zweier Stadtteile mit einem konsequenten Abschluß zu versehen, der die offenere Stadtbebauung entlang der rechtwinklig abzweigenden Straße einleitet. Der Entwurf entstand aus eben dieser Lesart der Stadtlandschaft. Einerseits wollte ich die alte Villa (deren Abriß geplant war) als bereits vorhandenes Verbindungselement zwischen den Gebäuden der Straßenfront und dem Neubau erhalten, andererseits bestand die Notwendigkeit, daß der Neubau die angrenzenden Bauten typologisch abschlösse, als Endpunkt zum vor ihm liegenden Platz. Wieder war es die von der Gestalt der Stadt ausgehende Kraft, welche die Gebäudeform bestimmte.

Das entworfene «Antlitz» des neuen Gebäudes ist folglich als ausgeprägter, aber auch abschließender Zug der Fassaden zu sehen, die sich am Boulevard entlangreihen.

an architectural reading of the situation. On the one hand, I wanted to preserve the old villa (which had been scheduled for demolition) as an already viable link between the existing street front and the new project; on the other, the new building had to serve as a typologically appropriate end block to the row of buildings terminating in the square in front of it. So once again, typological choices were determined by the morphological tensions of the surrounding city. The new building's "designed" face should thus be seen as a distinctive though appropriate conclusion to the façades running along the boulevard.

The third project is for a new museum complex in Rovereto, in the Trentino region of Italy. The site is on an eighteenth-century avenue leading from the old centre, characterised by a sequence of outstanding historical buildings which include an old convent with a circular courtyard, the university building, a theatre, and a set of two other buildings on Corso Bettini. The project involves the integration and contextualisation of the two buildings on Corso Bettini, and the construction of a new building in the area behind them. One of the two buildings, the Palazzo del Grano, already houses the

Schweizerische Bankgesellschaft in Basel, 1986–1995
Der Innenhof, auf den die Büros blicken

Union Bank of Switzerland, Basel
1986–1995
The main hall flanked by offices

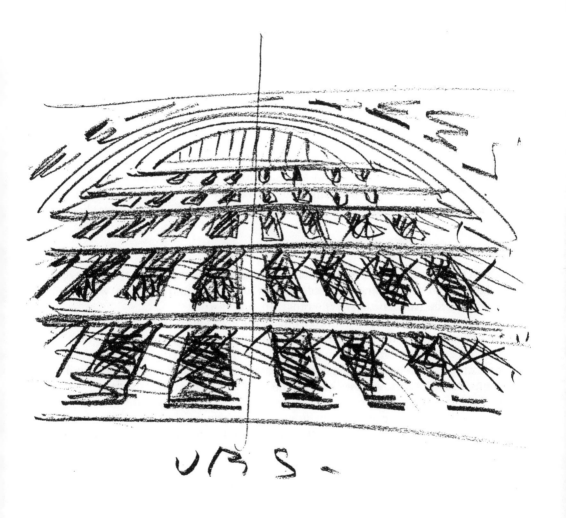

UMS.

Das dritte Projekt, das ich ausgewählt habe, um über die Beziehung von Bauwerk und Stadt zu sprechen, befindet sich in Rovereto, Italien, wo ich einen neuen Museumskomplex entwarf. Das Grundstück liegt an einer langen Allee aus dem 18. Jahrhundert, die vom historischen Zentrum ausgeht und eine Reihe von mächtigen und für die Geschichte dieses Ortes bedeutenden Häusern aufweist, darunter ein altes Kloster mit einem runden Hof, das Universitätsgebäude, ein Theater und ein Areal mit zwei weiteren Gebäuden am Corso Bettini. Der Entwurf sieht die Integration dieser beiden Häuser am Corso Bettini und die Schaffung des neuen Baukörpers auf dem Grundstück hinter ihnen vor. Von den beiden Altbauten ist der sogenannte Palazzo del Grano bereits Sitz der Stadtbibliothek und soll später erweitert werden, während im Palazzo Alberti die Provinzverwaltung untergebracht ist.

Die Entwurfsidee sieht die Bewahrung der beiden Altbauten als konstitutive Elemente der Alleefront des 18. Jahrhunderts sowie des Raumes zwischen ihnen als «Gasse» zum neuen Komplex vor. Ein Platz im Inneren führt zu den verschiedenen Bereichen: die Bibliothek mit der Altbauerweiterung, die Verwaltung, einen neuen Amphitheaterraum neben dem Palazzo Alberti und schließlich den Museumsbau selbst, der im hinteren Teil am Hügel liegt.

municipal library and is scheduled for enlargement; the other, the Palazzo Alberti, is the administrative headquarters of the Trentino province, which is financing the construction of the museum complex.

The two buildings providing a front on the eighteenth-century avenue will be preserved, and the space between them will be used as an entrance "lane" leading to the new building. An inner court will distribute the various parts of the complex: the library (including an extension of the existing building), administration offices, a new theatre auditorium adjacent to Palazzo Alberti, and the museum building itself up against the hill to the rear. In a sense, the overall design was generated from control of spaces rather than individual building design, from "voids" rather than "solids", from the negative rather than the positive. Despite the impressive size of the complex (approx. 150,000 cubic metres), the context suggested a "tissue" of buildings set back from the main front, where the only evidence of new build is the large circle of the inner courtyard.

Kulturzentrum und Museum für Moderne Kunst in Rovereto
1988/1993
Einbettung des Museumskomplexes in den Raum hinter den beiden Altbauten
Grundriß mit der Verteilung der Räume zum Innenhof

Cultural Centre and Modern Art Museum, Rovereto
1988/1993
The museum complex fits behind two existing buildings
Plan showing how spaces are laid out around the big inner court

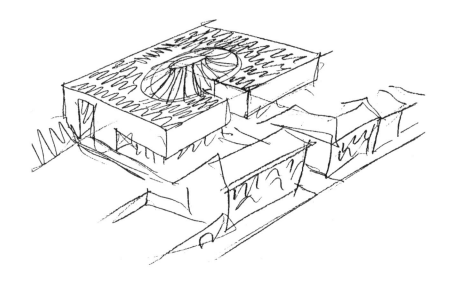

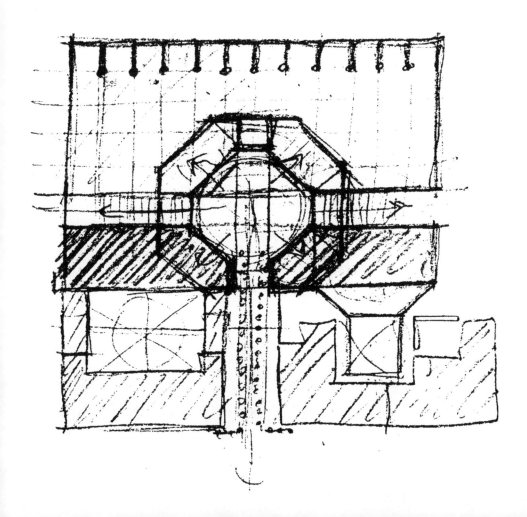

In gewissem Sinne kann man sagen, daß der Entwurf in diesem Fall eher von der Kontrolle der Räume als der Volumina ausging, eher von den freien als von den baulich geschlossenen Flächen, eher vom «Negativ» als vom «Positiv». Ungeachtet der beträchtlichen Ausmaße des Neubaus (ca. 150.000 m^3) legte der Kontext in diesem Fall den Entwurf eines im Hinblick auf die Hauptfront zurückgesetzten Gebäude-«Gefüges» nahe, das sich nur durch die große kreisförmige Piazza als neues Bauwerk zu erkennen gibt.

Das Objekt und seine plausible Form

A Plausible Form for Objects

Ich bin Architekt und halte mich nicht für einen Designer. Für mich ist die Gestaltung von Objekten daher eher Architektur in verkleinertem Maßstab als Design im eigentlichen Sinne, d.h. ich schenke den Produktionsprozessen keine besondere Aufmerksamkeit. Es handelt sich also um ein eher ungewöhnliches Design, auch wenn die Objekte in vielen Fällen in Produktion gegangen sind und auf Zustimmung stießen.

Meine Leidenschaft für das Design geht auf die 80er Jahre und eine Anregung des damaligen *Art-directors* der Alias GmbH, Enrico Baleri, zurück. Es war eine Herausforderung, ein (in kurzer Zeit zu realisierender) Versuch, die möglichen Reaktionen von Benutzern auf das Bild eines neuen Gegenstandes herauszufinden. Ich fand es immer ermüdend, die üblichen fünf, sieben oder zehn Jahre zu warten, bis ich schließlich die Wirkung von ausgeführten Gebäuden in ihren jeweiligen Kontexten überprüfen und die Reaktionen des Publikums beobachten konnte. Das Design hat dagegen, wie ich meine, den großen Vorteil, in relativ kurzer Zeit (sechs Monate, ein Jahr, zuweilen ein wenig mehr) die Reaktionen des Publikums gegenüber einem Objekt des alltäglichen Gebrauchs zu testen: ein Tisch, eine Lampe, ein Stuhl.

I'm an architect, and I don't consider myself a designer, which is why I see designing objects as architecture on a small scale, rather than design in the true sense. In other words, how objects are actually made doesn't concern me very much. So my way of designing is somewhat anomalous, though in many cases my objects have been made and subsequently proved popular.

My passion for design dates from the 1980s, when Enrico Baleri, then art director at Alias, asked me to design some objects. I saw this as a challenge, a way of assessing, in a short space of time, how people react to new images. I was becoming increasingly tired of having to wait five, seven or even ten years to gauge the effects of inserting a new building in a given context and see how people would react to it, as is usually the case with architecture. For me, the great advantage of design is that you can gauge people's reaction to a new object of use like a table, a lamp or a chair in a relatively short space of time (six months, a year, sometimes longer).

There is also the pleasure of continually having to reinterpret the same objects. For example, the basic function and components of the chair have

Stuhl «Prima», 1982
Die feingliedrige und kontinuierliche Konstruktion des Stuhls
Stuhl «Seconda», 1982
Im Profil des Stuhls wird die Verstärkungsstrebe zugleich zum Stützelement

"Prima" chair
1982
The chair has a continuous skeleton frame
"Seconda" chair, 1982
The brace bars become a backrest

Sedia "PRIMA"

"SECONDA"

Darüber hinaus verschafft es Befriedigung, sich ständig mit der Interpretation solcher Alltagsobjekte zu beschäftigen. Der Stuhl zum Beispiel hat sich im Laufe seiner Geschichte in seiner wesentlichen Funktion und seinen Bestandteilen kaum verändert: Immer schon hatte er eine Sitzfläche und eine Lehne. Dennoch werden immer wieder neue Stühle entworfen, denn das, was immer wieder neu interessiert, ist nicht die Funktion, sondern die Interpretation, die man ihr gibt, und, letztendlich, das Erscheinungsbild. Kurz gesagt, man setzt sich auch «mit den Augen», und die Form eines Stuhls ist vor allem ein Zeichen, das davon spricht, wie dieser in der Kultur unserer Zeit aufgefaßt, interpretiert und konstruiert wird.

Ich habe Design-Objekte auch deshalb entworfen, um an ihnen die Entwicklung meiner Ausdrucksmittel zu überprüfen, um zu erkunden, wie ein Zeichen, das implizit in einer Bleistiftzeichnung steckt, in der alltäglichen Wirklichkeit Ausdruck finden kann.

Gebrauchsobjekte zu entwerfen, ist sehr interessant, weil es dazu zwingt, einen ähnlichen Prozeß zu durchlaufen, wie es bei der Suche nach dem archetypischen Wert der Wohnung der Fall ist: nach einem symbolischen, primitiven Ausdruck zu streben und den Moden, den ephemer-

changed little over the centuries: chairs have always had a seat to sit on and a back to lean on. And yet, the chair is continually being redesigned because the thing that always fascinates people isn't its function as such, but how it is interpreted; in short, its image. We do, after all, sit down with our eyes open, and the shape of a chair is a measure of how sensitively the age we live in experiences, interprets and constructs the function and image of the chair.

I have also designed objects as a kind of linguistic experiment, to see how a form, as it were, "implicit" in the pencil in my hand could be translated into an everyday physical object.

Continually having to redesign the same object is very interesting because it forces you to repeat the process you go through when searching for the archetypal meaning of the home. It enables you to keep a firm grip on primitive, symbolic meanings and steer clear of fashion and other more ephemeral, time-bound features. I think all this is a very important exercise for designers and architects. The design of a chair evokes the idea of the throne, in the sense that the chair carries within itself the archetype of the throne; you might say that it aspires to become a throne and not, therefore,

Tisch «Terzo», 1983
Die massive Konstruktion des Fußes steht im Kontrast zur dünnen Steinplatte
Stuhl «Quarta», 1984
Das sternförmige Profil des Stuhls

"Terzo" table, 1983
A heavy frame offsets a slender stone top
"Quarta" chair, 1984
A chair with a star-shaped frame

"TERZO"

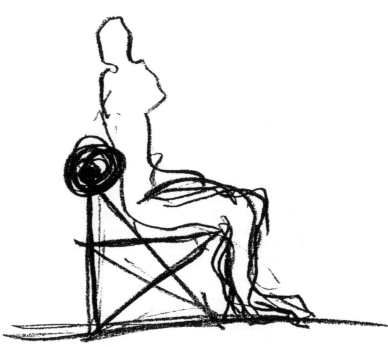

"QUARTA

sten, kurzlebigsten Äußerlichkeiten zu entgehen. Ich glaube, all dies ist für den Entwerfer eine wichtige Übung. Die Zeichnung eines Stuhls evoziert die Idee eines Throns; der Stuhl trägt in sich den Archetypus des Throns, man kann sagen, es ist sein Ehrgeiz, Thron zu werden und folglich kein Konsumobjekt zu sein. So wie eine Lampe in sich das Zeichen des Ursprungs des Lichts trägt. Beim Entwurf alltäglicher Objekte gibt es folglich die Möglichkeit ständiger Verweise auf ihre ursprüngliche Bedeutung. Die Schönheit und den Zauber der ursprünglichen Werte wiederzuentdecken: dies ist es also, was diesen Prozeß trägt und für mich den eigentlichen Reiz ausmacht.

Verfolgen wir, von den ersten Studienskizzen an, in chronologischer Reihenfolge die Entstehung einiger Objekte.

Ich begann mit dem Entwurf von zwei Stühlen, «Sedia Prima» und «Sedia Seconda», wobei die Grundanforderung zunächst nur darin bestand, eine Sitzfläche und eine Lehne zu schaffen. Mein Ziel war es, die Stühle so zu gestalten, daß ihre tragende Konstruktion bildliche Ausdruckskraft gewänne. Die Stühle bestehen aus einem dünnen linearen Rahmen mit einer Rückenstütze, die beim Stuhl «Seconda» von der Verstärkungsstrebe gebildet wird.

---

an object of use. Similarly, a lamp carries within itself the archetypal source of light. So designing everyday objects continually sends you back to original meanings. In short, rediscovering the beauty and allure of primeval meanings is what sustains the design process, and what really persuades me that I should concern myself with design.

Let's run through the various stages in the design of some of my objects in chronological order, starting with the preliminary sketches.

The first objects I designed were the "Prima" and "Seconda" chairs. Basically, I had to find a way of putting together a seat and a backrest, and I wanted to do this in such a way that the frame itself would become an image. "Prima" has a slender linear skeleton with a backrest attached, while the structural brace of "Seconda" is also a backrest.

My next design, the "Terzo" table, evokes memories of the Le Corbusier table, which has a big, sculptural, tubular steel frame; but as with the chairs, the "Terzo" frame is a self-contained, finished form with a marble top attached. Here, too, I wanted to build an object that would become an image independently of its function. Sometimes design is a matter of simple exercis-

Stuhl «Quarta», 1984
... das Bild wird zur Konstruktion und die Konstruktion zum Bild
Stuhl «Quinta», 1985
Die Form wirkt wie eine zarte Persönlichkeit, die mehr aus ihrer Transparenz als aus ihrem Material lebt

"Quarta" chair, 1984
... image is structure and structure is image
"Quinta" chair, 1985
The chair resembles an elongated figure that seems more transparent rather than solid

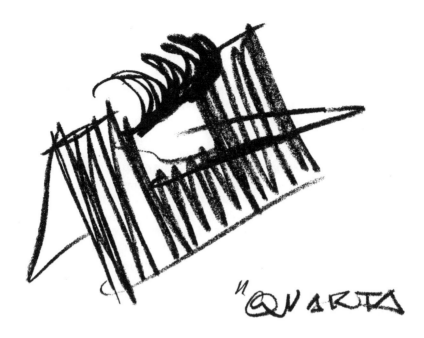

"QUARTA

QUINTA

Beim Tisch «Terzo», den ich danach entwarf, klingt mit der großen plastischen Stahlröhrenkonstruktion die Erinnerung an Le Corbusiers Tisch an. Auch in diesem Fall, wie bereits bei den Stühlen, gibt es jedoch keine kontinuierliche Gestaltung: Der Fuß des Tisches bildet eine abgeschlossene Form, auf die eine Marmorplatte gesetzt ist. Auch hier habe ich versucht, ein Objekt zu schaffen, das unabhängig von seiner Funktion zum Zeichen werden kann. Nachdem ich erfahren hatte, daß die Konstruktion zum Zeichen werden konnte, interessierte es mich, wie umgekehrt ein Bild zur Konstruktion werden konnte. Ich entwarf daher den Stuhl «Quarta»: Er besteht aus einem Profilstahlgeflecht, das durch entsprechende Biegung den Aspekt der Konstruktion hervorhebt.

«Quinta», ein weiterer, später entworfener Stuhl, entstand aus der Erinnerung an eine Begegnung mit Diego Giacometti. Ich hatte ihn im Sommer 1965 mit seinem Bruder Alberto im Pariser Atelier getroffen. Ich erinnere mich an eine merkwürdige und in gewisser Weise prophetische Episode: Alberto kam aus dem Atelier und sagte, als er mich sah: «Oh je, noch ein armer Schweizer: Du wirst bei allem ganz allein zurechtkommen müssen!» Ich unterhielt mich dann mit Diego an einem Tisch, der mich beeindruckte, weil er

es and experimentation. In fact, after showing that structure can become image, I wanted to prove the opposite, that image can become structure, so I designed the "Quarta" chair as a weave of metal rods which stiffen when folded and become a frame.

The later "Quinta" chair was inspired by memories of meeting Diego Giacometti and his brother, the painter and sculptor Alberto, in his Paris studio in 1965. I remember a curious and in some ways prophetic episode. Alberto saw me as he was leaving the studio and said: "Poor soul, you're Swiss too. You'll have to do everything for yourself!" He entertained us at a table which impressed me particularly because the chairs around it looked like people. Later on, this gave me the idea for a chair that could be taken for a person, so that fellow diners would always be seated around the table. The result was an elongated, Giacomettian design which seems more transparent than solid, but is, I think, a convincing filiform presence around any dining-table. On another occasion, I designed an armchair inspired by memories of a buxom aunt who used to hug me when I was a child, but this wasn't a success. It was bought only by a handful of American artists, and is

Sessel «Re e Regina», 1985
Ein Diwan, der wie ein Raum entworfen ist, der den Benutzer umhüllt und gefangennimmt
Tisch «Tesi», 1986
Aufgespannt im Raum: ein Tisch, der eine schwebende Konstruktion, eine «magische Brücke» aus netzartigem Lochblech bildet

"Re e Regina" armchair, 1985
An armchair that enfolds you in its embrace
"Tesi" table, 1986
The table top seems to float on like a "magic bridge" on its metal mesh supports

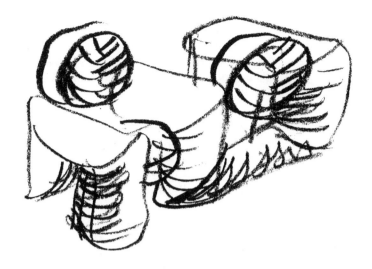

RG + REGWS

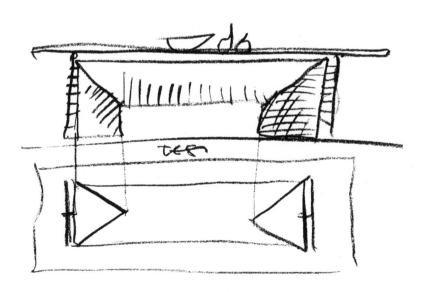

Stühle hatte, die wie Persönlichkeiten wirkten. Als ich mich später daran erinnerte, entwarf ich einen Stuhl, der wie ein Individuum wirken sollte, so daß der Tisch immer von Tischgästen umgeben wäre. So entstand ein sehr feingliedriger Stuhl à la Giacometti, der mehr durch seine Transparenz als durch sein Material lebt, aber dennoch, wie ich glaube, an jedem Tisch eine grazile Präsenz entfaltet.

Bei anderer Gelegenheit entwarf ich einen Sessel in Erinnerung an eine üppige Tante, die mich als Kind in den Arm genommen hatte; er hatte keinen Erfolg, verkaufte sich nur an den einen oder anderen amerikanischen Künstler und wird heute, obwohl er in verschiedenen Versionen angeboten wurde (mit den Bezeichnungen «Re e Regina», «Vis-à-vis») nicht mehr produziert.

Lochblech ist das Material, das mich in der Folge zu etlichen Entwürfen anregte. Arbeitet man mit einem neuen Material, so kommt es vor, daß man seine Möglichkeiten erahnt, auch wenn man es anfangs noch nicht optimal einsetzen kann. Der Tisch «Tesi» entstand auf diese Weise: Das Lochblech, dem eine eigene Struktur fehlt, wird leicht und ätherisch wie ein schwebender Engel und kontrastiert mit der Schwerkraft der Marmorplatte, die auf

no longer made, although it did appear in different versions ("Re e Regina", "Vis-à-Vis").

Steel mesh was my next inspiration. Sometimes, when you work with a new material, you realise that it has potential even if you don't know how to use it properly at first. This is what happened with the "Tesi" table. The metal mesh is unstructured, so it becomes light and airy, like an angel hovering in space, and contrasts with the heaviness of the marble top. Bending the mesh stiffens it and gives it static resistance.

The "Latonda" chair has a bent rod frame and a sheet steel seat. It's curious how you can do hundreds of preliminary sketches, and then suddenly decide that you have to build just some of them. And those are the ones that may end up being manufactured.

I designed the "Obliqua" armchair because I wanted to have a finished, unalterable form in my home. I always feel a bit put off when I enter someone's home and see a crumpled sofa, so I thought it would be good to have something which keeps its shape even when you've been sitting in it. Basically, the armchair is a tilted parallelepiped: when you sit down, the tilted

Stuhl «Latonda», 1987
Mit seiner Rundform bildet der Stuhl einen durchgehenden Kreis, der an den Seiten als Armstütze dient, in der Mitte als Rückenlehne
Sessel «Obliqua», 1987
Zeichen eines Primärobjektes, das im Raum eine geneigte Fläche bildet

"Latonda" chair, 1987
The round chair has a continuous circular frame which forms armrests at the sides and a backrest in the centre
"Obliqua" armchair, 1987
A bold, primary form with a tilting horizontal surface

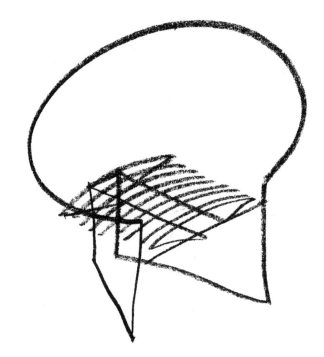

LA TONDA

OBLIQUA

ihm liegt: Die Falzung ist es, die dem Blech Halt und statische Stabilität verleiht.

«Latonda» ist ein weiterer Stuhl aus gebogenem Stahlrohr und einem Blech als Sitzfläche. Es ist seltsam, wie man hunderte von Zeichnungen anfertigt und plötzlich der Wunsch aufkommt, eine davon auszuführen: Es sind jene Entwürfe, die ab und zu auch in Produktion gehen.

Der kleine Sessel mit dem Namen «Obliqua» entstand dagegen aus dem Wunsch, immer ein Objekt mit einer perfekten Form im Haus zu haben. Ich fühle mich immer ein wenig unbehaglich, wenn ich in ein Haus komme, wo das Sofa vom Sitzen eingedellt ist; mir gefiel daher die Idee, eine Form zu entwerfen, die auch nach der Benutzung intakt bliebe. Ich entwarf einen quaderförmigen Sessel mit einer geneigten Sitzfläche: Setzt man sich, so senkt sich einfach die schräge Sitzfläche durch eine Federung ab und kehrt zur ursprünglichen Form zurück, wenn man sich wieder erhebt.

Kürzlich entwarf ich ein Schubladenpult mit der Bezeichnung «Robot», das aber nichts mit einem wirklichen Roboter zu tun hat. Es besteht aus einer Reihe von Schubladen, die ohne tragendes Gerüst eine über die andere gesetzt sind; durch die Führung eines eingesetzten Metallstabs können sie ohne

seat sinks on its springs and returns to its original position when you stand up.

A drawer unit I designed recently is called "Robot", though in fact it's the exact opposite of a robot in the technological sense. It has no frame as such: the stack of drawers has a metal backbone which allows the apparently runnerless drawers to take on different shapes. I was an untidy child and always left drawers open, much to the annoyance of my mother who always had to close them after me. It was this which gave me the idea for a chest of drawers that would look right even when the drawers were left open (conceptually, the exact opposite of the "Obliqua" sofa). The result is a characterful drawer unit which terminates at the top in a writing surface scaled to the height of the human body. Discovering the underlying logic of objects is the key to design exercises like these, which otherwise could easily be rather pointless.

Designing the tent for the 700th anniversary of the Swiss Confederation gave me the idea for another chair. The tent's circular interior called for rows of seats radiating out from the centre so that as many people as possible could sit down. The result was the "Botta '91" chair which stacks in a rather

138 Schubladenstehpult «Robot», 1989
Ein Möbelstück aus übereinandergesetzten Schubladen, die durch eine Metallführung miteinander verbunden sind
Stuhl «Botta '91», 1989
Der stapelbare Stuhl wurde für das Festzelt entworfen

"Robot" drawer unit and writing desk, 1989
Stacked drawers connected by a metal backbone
"Botta '91" chair, 1989
Stacking chair designed for the tent marking the 700th anniversary of the Swiss Confederation

Robot

B '91

sichtbare Halterung verschiedene Formen annehmen. Als Junge war ich ein wenig unordentlich: Ich hielt immer die Schubladen offen und wurde von meiner Mutter gerüffelt, die sie ständig schließen mußte: So kam mir die Idee, ein Möbelstück zu entwerfen, das eine geschlossene Form präsentierte, auch wenn die Schubladen offen blieben (das genaue Gegenteil des eben erwähnten Sessels). Daraus entstand ein Schubladenpult mit eigener Persönlichkeit. Oben ist als sichtbarer Abschluß ein Pultaufsatz angebracht, der auf die Größe eines Menschen zugeschnitten ist. In jedem Objekt ein logische Erklärung zu suchen, ist das kleine Geheimnis bei solchen Übungen, die andernfalls leicht beliebig werden können.

Anläßlich des Entwurfs des Festzeltes zur 700-Jahrfeier der Schweizerischen Eidgenossenschaft kam mir die Idee zu einem weiteren Stuhl. Der Innenraum des Zeltes verlangte mit seiner Rundform nach einer sternförmigen Gliederung, um möglichst vielen Menschen Platz zu bieten. So entstand dieser kleine Stuhl, «Botta '91», der sich kurioserweise nicht turmförmig, sondern seitlich ineinanderstapeln läßt.

Die erste Lampe, die ich entwarf, heißt «Shogun» und entstand, wie schon am Namen erkennbar, aus dem Wunsch, ein Möbelstück mit men-

---

unusual way by slotting into the next one, rather than by being lowered onto it.

The first lamp I designed was called "Shogun". As the name suggests, I wanted to create a personage, a warrior-like presence. It is 2.26 metres tall and has feet, a navel (at 1.13 metres) and a head, a sort of adjustable sheet metal mask rather like a warrior's visor, which changes expression when you move the mask to alter the shape of the beam.

I used a variation on the same idea for the "Fidia" wall lamp, which has the same sheet metal head as "Shogun" but works in the opposite way. Instead of adjusting the beam by rotating a screen around a fixed light source, you rotate the two cylinders of the lamp socket inside the fixed head. Often you find that when you arrive at a particular solution to a design problem, its opposite seems equally logical. It is this, more than anything else, that makes the designer's task such a fascinating one.

I'm reminded here of something that happened a while ago. The curtain wall of one of my earliest houses in Riva San Vitale has a windowless base which opens upwards to leave only four load-bearing corners supporting the

---

Lampe «Shogun», 1985
«Shogun ist eine menschenähnliche Gestalt»
Lampe «Melanos», 1986
Das System der Gegengewichte im inneren des flachen Körpers erlaubt die Einstellung unterschiedlicher Neigungswinkel

"Shogun" lamp, 1985
A lamp becomes a person
"Melanos" lamp, 1986
The counterweight mechanism in the flat body allows the arm to tilt

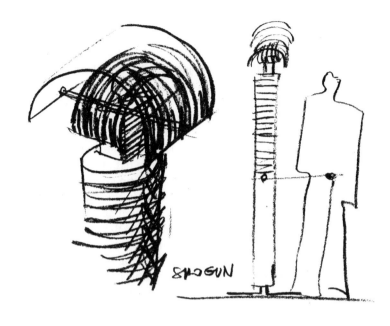
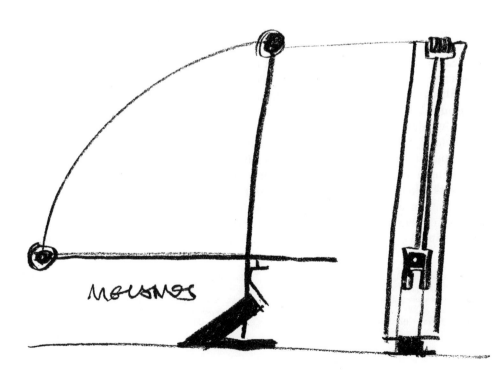

schenähnlicher Gestalt, eine Kriegerfigur zu schaffen: mit Füßen auf dem Boden, einem Nabel in 1,13 Meter und einem Kopf in 2,26 Meter Höhe. Der Lampenkopf hat eine Art Maske, die sich wie das Visier eines Ritters verschieben läßt. So wirft die Lampe ihr Licht je nach Position des Blechschirms von Mal zu Mal unterschiedlich in den Raum.

Dieselbe Idee wird bei der Lampe «Fidia» variiert, die als Wandlampe konzipiert ist. Sie hat den gleichen Schirm wie «Shogun», aber das Prinzip ist umgekehrt: Hier bewegen sich allein die beiden Zylinder der Lampenfassung; statt einer beweglichen Schirmmaske und feststehender Lichtquelle ist die Lichtquelle beweglich, nicht der Schirm. Entwirft man ein Objekt und findet eine Lösung, kommt es häufig vor, daß auch die gegenteilige Lösung logisch erscheint. Das macht einen Großteil des Zaubers unserer Arbeit aus.

Dies wird an einer kleinen Begebenheit sinnfällig: Bei einem meiner ersten Häuser in Riva San Vitale zeigte die Umfassungsmauer einen geschlossenen Sockel und öffnete sich nach oben hin, so daß nur noch die vier Ecken das Dach trugen. Einige Zeit nach Fertigstellung fand ich das Kartonmodell dieses Hauses umgedreht auf einem Tisch. Blitzartig wurde mir klar, wie in-

roof. Some time afterwards I came across the cardboard model of the house standing upside down on a table, and realised instantly how interesting it would be to invert the loading of a house so that the solids are on top and just the corners rest on the ground. This insight proved extremely useful to me in later projects.

Sometimes you work doggedly at a problem, then suddenly realise that you can solve it by reversing your initial assumptions. In design work, results are always relative, never definitive, so turning them around can often quickly lead to a more convincing solution.

My "Melanos" table lamp was also designed to keep its user company. It provides light to work by, but looks like a figure or totem, an interesting presence to have near you. The counterweight mechanism in the flat body allows the lamp to tilt, the transformer is housed in the heavy base, and low-voltage bulbs eliminate the need for wires running to the swivel head. Despite its attractive appearance, the lamp proved too expensive and is no longer on sale.

The world of design presents a vast array of themes. Some of them generate an immediate response; with others you have to wait years. One example

Uhr «Eye», 1989
Die Uhr muß rund sein, weil die Zeit, die ausgehend von einem Zentrum angezeigt wird, rund ist
Wandschirm «Nilla Rosa», 1992
Zwei Bleche, die sich wechselseitig stützen

"Eye" watch, 1989
"... a watch has to be round because time itself is round when measured from a centre"
"Nilla Rosa" screen, 1992
Two mesh sheets stand upright by slotting into each other

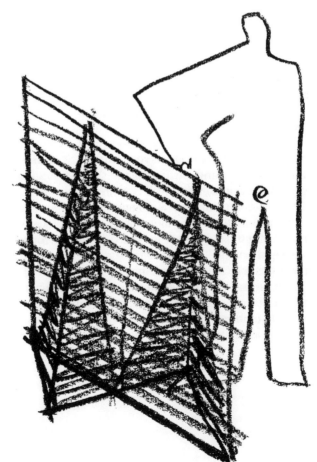

teressant es sein könnte, wenn man das Gewicht der Gebäudemasse umkehrte, so daß der geschlossene Gebäudeteil oben läge und nur die Ecken die Erde berühren würden. Diese Beobachtung gab mir viele Anregungen bei späteren Entwürfen.

Manchmal sucht man hartnäckig nach einer Lösung und erkennt plötzlich, daß man nur durch Umkehrung des ersten Ansatzes ans Ziel gelangt. Bei der Entwurfsarbeit gelangt man immer zu relativen Ergebnissen, weshalb ihre Umkehrung häufig schneller zu einer überzeugenden Synthese führt.

Eine weitere Lampe trägt den Namen «Melanos». Man könnte sie als «Gesellschaftslampe» bezeichnen, denn sie wirft zwar ein Licht, das sich zum Arbeiten eignet, erscheint aber zugleich wie eine Figur, ein Totem, eine Erscheinung, in deren Nähe ich mich gerne aufhalte. Ein System von Gegengewichten im flachen Körper erlaubt, die Lampe in verschiedenen Neigungswinkeln festzustellen. Diese massive Halterung der Lampe enthält auch den Transformator: Die niedrige Spannung macht ein Kabel zur drehbaren Birnenfassung überflüssig. Trotz ihres schönen Erscheinungsbildes verschwand die Lampe vom Markt, weil sie recht teuer war.

is Alessi, which recently asked me to design a fondue set, suggesting that I might like to see it as an architecture project in miniature ... I still haven't the faintest idea what to do about the fondue set, but I did find it easier to design them a watch instead.

This proved an extremely valuable exercise (we're talking here about the pre-Swatch era, when minutes were minutes and seconds were seconds) because, among other things, it taught me the self-evident truth that a watch has to be round because time itself is round when measured from a centre. I decided to accentuate this perfect roundness by attaching the strap to the back of the case instead of to loops on the side. Since watches were always made that way in the old days, the result – a new turnip watch – was a bit like rediscovering the wheel. Often we have a distorted way of looking at things which makes us lose sight of the obvious. Another thing designing the watch taught me was that the date-time adjust wheel should in no way interfere with the perfect roundness of the case. On my watch, it's a rubber knob standing free of the case rather than recessed in the edge. I also realised that when you look at the time you don't look at the date, and vice versa, so I kept

In der Welt des Design gibt es viele und disparate Themen: Manchmal kommt man sofort auf eine Lösung, manchmal läßt sie aber auch Jahre auf sich warten. Dies ist wohl der Fall beim letzten Auftrag von Alessi: der Entwurf eines Fondue-Sets. Alessi vertritt die Auffassung, es handle sich um Architektur in kleinem Maßstab... Gegenwärtig habe ich wirklich nicht die geringste Idee. Leichter fiel es mir dagegen, für die Firma eine Uhr zu entwerfen.

Der Entwurf einer Uhr (und ich versichere, zu einer Zeit, als ich vom Phänomen Swatch nicht auch nur das geringste ahnte), war als planerische Übung sehr nützlich. Ich verstand zum Beispiel eine Sache, die auf der Hand liegt: Die Uhr muß rund sein, weil die Zeit, die ausgehend von einem Zentrum angezeigt wird, rund ist. Ich wollte diese vollständige Rundheit betonen, indem ich auch die Befestigungen des Armbandes vermied, das hier unten am Uhrengehäuse eingeführt wird. Daraus entstand eine zwiebelförmige Gestalt, die alles andere als neu ist, schließlich hatten die alten Uhren immer diese Form. Oft verwenden wir falsche, deformierte Formen und verlieren das Gefühl für Unmittelbarkeit und Einfachheit. Mir wurde auch klar, daß das Rädchen außerhalb der Rundform bleiben sollte und nicht in sie integriert werden kann; das Stellrädchen hat einen Gummiring, der die Handhabung er-

the two functions visually separate. Another lesson I learned was that the real purpose of the red second hand is to tell you that time is passing – that the watch works – rather than to measure seconds, so I made it into a moving sign that imposes an octagonal pattern on the dial and emphasises the centre. The fact that the strap is independent of the case also enabled me to design a series of variants: the watch can be fitted with a chain or a bracelet, or hang as a pendant. In other words, you can modify use without modifying the object. So designing a watch – an object that has already been designed not thousands but millions of times – can be a revealing, useful and pleasurable exercise.

My most recent design object is a screen called "Nilla Rosa", after the grandmother of the courteous secretary at Alias who phoned me to ask what name I wanted to give the product. The screen is a curious, minimalist object made of two metal-mesh sheets which stand upright by slotting into each other to form a steady base at the bottom and a join at the top (140 cm). This was an exercise in how to design an image by paring down static and functional requirements.

leichtert. Sieht man nach der Uhrzeit, so sucht man nicht das Datum und umgekehrt; die beiden Funktionen sind also voneinander getrennt. Der rote Sekundenzeiger erschien mir in seiner Funktion als Rhythmusgeber wichtiger als in seiner Funktion als Zeitmesser. Er ist somit zu einem flüchtigen Zeichen geworden, das mit den anderen Zeigern auf dem viergeteilten Ziffernblatt ein Oktogon beschreibt und dessen Mittelpunkt betont. Es gibt zudem eine Reihe von Variationsmöglichkeiten, da das Armband abnehmbar ist: Armband, Halskette und Hängekette. Kurz, man kann die Benutzung variieren, ohne das Objekt zu verändern. Auch das Thema der Uhr (die nicht tausende, sondern Millionen von Malen neu entworfen wurde) bietet also noch Gelegenheit zur Reflexion, die zu einer Übung in Synthese führen und planerisches Vergnügen bereiten kann.

Das letzte Design-Objekt ist ein Wandschirm mit dem Namen «Nilla Rosa», nach der Großmutter der freundlichen Sekretärin der Alias GmbH, die mich telefonisch bat, dem Produkt einen Namen zu geben. Das Objekt aus Walzstahlblech ist eigentümlich, minimalistisch. Es handelt sich um zwei Bleche, die sich wechselseitig stützen: Sie bilden jeweils eine stabile Basis und gleichen sich in einer Höhe von 140 Zentimeter einander an. Dieser Pa-

The last project I'd like to talk about – a stage design for the Opera House in Zurich – falls outside conventional categories like town planning, architecture and design, and proved an enjoyable and rewarding experience.

The Opera House's former director of ballet, the young choreographer Bernd Roger Bienert, asked me to design sets for Tchaikovsky's *The Nutcracker*, which has been done thousands of times before in all kinds of ways. Purely out of courtesy, I went to Zurich to say that I didn't have the time, apologise for turning down the offer, and thank him as politely as I could (he had, after all, offered me a job). But when I went in through a side door into the dark auditorium of the Opera House and saw a chair standing on the lighted stage, I was deeply moved – the chair seemed so meaningful, so archetypal, so powerfully and fundamentally *significant*. I immediately decided that I, too, must submit to the magic of the stage and try my hand at set design. I had learned a very simple lesson, namely that the magic of theatre treads the virtual line separating appearance and reality, and that this line cannot exist without the curtain that separates the real world from the imaginary world.

ravent ist eine Übung in statischer und funktionaler Reduktion, ein Versuch bildlicher Verdichtung.

Der letzte Entwurf, den ich vorstellen möchte, paßt nicht in die klassischen Kategorien (Stadtplanung, Architektur, Design): Es ist eine Bühnenbildgestaltung, die ich für eine Aufführung im Opernhaus Zürich entwarf und für mich eine interessante und unterhaltsame Erfahrung war.

Der damalige Ballettdirektor, Bernd Roger Bienert, ein junger Choreograph, bat mich, das Bühnenbild für Tschaikowskis «Nußknacker» zu gestalten, ein Thema, das schon tausende Male in allen Variationen dargestellt wurde. Aus reiner Höflichkeit fuhr ich nach Zürich, um ihm zu sagen, daß ich keine Zeit hätte. Ich wollte mich nur höflich entschuldigen (schließlich bestand seine Offerte seit langem) und mich verabschieden. Als ich jedoch durch die Hintertür des Opernhauses auf die Bühne trat, war ein Sessel im sonst völlig dunklen Zuschauerraum erleuchtet. Ich war tief bewegt: Dieser Sessel gewann für mich plötzlich eine enorme und archetypische Bedeutung, und ich verspürte das Bedürfnis, mich selbst einmal mit der Bühne und ihrer Magie auseinanderzusetzen. Damals begriff ich etwas sehr Einfaches: Die Magie des Theaters hängt an einem unsichtbaren Faden, ein Faden, der nur

The theatre is an amazing institution. If you think that people queue up, buy a ticket, sit down, and wait in silence until the lights dim and they can start to dream, you realise that the lighted stage harbours an unbelievably powerful magic. By means of a few simple devices, anything that happens on stage – whether a noise, a movement or a gesture – acquires incredible significance and generates an extraordinary collective response. The imaginary line separating middle-class Zurich theatre-goers from the spectacle on stage reverses the roles of stage and auditorium as soon as the lights go down and the curtain lifts: the imaginary becomes real, and reality becomes a dream.

I worked on the set designs with these impressions in mind, trying to make sense of these constantly shifting roles. I realised that Bienert had chosen me because I was an architect, and that he wanted an architect, not a stage designer, because an architect would know how to build space on stage. But I also realised that he was wrong because you don't have to build space on stage, you simply have to *suggest* it, which is a very different matter. Creating situations by giving an impression of space is the op-

in dem Moment in Erscheinung tritt, wenn sich der Vorhang senkt und die Realität wieder von der Welt der Vorstellung trennt.

Das Theater ist ein außergewöhnlicher Ort. Wenn wir daran denken, daß die Leute Schlange stehen, die Eintrittskarte bezahlen, sich setzen, schweigend dasitzen und das Dunkel erwarten, um zu träumen, begreifen wir, welch unglaublichen Zauber diesen Ort erfüllt. Eine Reihe von Hilfsmitteln lädt alles, was auf der Bühne geschieht, jedes kleine Geräusch und Zeichen, mit einer phantastischen Bedeutung auf und schafft eine außergewöhnliche kollektive Bilderwelt. Die unsichtbare Linie, die die Theaterbesucher Zürichs von der Darstellung trennt, vertauscht in dem Moment, wo das Licht ausgeht und sich der Vorhang hebt, die Rollen: Das Imaginäre wird Real und das Reale wird zum Traum.

Mit diesen Gefühlen machte ich mich an den Entwurf des Bühnenbildes und versuchte, den ständigen Austausch dieser beiden Teile des Theaters zu begreifen. Mir wurde klar, daß Bernd Roger Bienert mich als Architekten gerufen hatte: Er wollte keinen Bühnenbildner, sondern einen Architekten, der auf der Bühne einen Raum schafft. Am Ende wurde mir jedoch auch klar, daß er sich wohl geirrt hatte, denn auf der Bühne muß man keinen Raum

posite of architecture, which builds a situation by shaping and defining space.

I developed a series of preliminary sketches from a simple principle based on three distinct elements. The first was the backdrop, an abstract curtain of very fine material illuminated in a variety of ways to create the atmosphere of the scene. The second – a set of two movable cubes – met the need for a powerful physical structure to offset the delicacy of the backdrop. My intention was to create a Leonardoesque stage machine that could generate a variety of meanings at will. The physical volume of the suspended cubes could become an exterior, an interior or a ceiling depending on the requirements of the scene. The third was a sphere, a contrasting physical feature designed to re-establish the human scale on stage. The entire stage design developed out of these three elements, with lighting to create new situations by continually altering the audience's perception of the stage. Thus, the two cubes, which had indented inner edges (some may have seen this as a reference to the nutcracker), could evoke as if by magic the Christmas tree which features in the ballet – the triangular teeth came together to form the outline

Bühnenbild für den «Nußknacker», Opernhaus Zürich, 1992

Stage design for "The Nutcracker" Opernhaus, Zurich, 1992

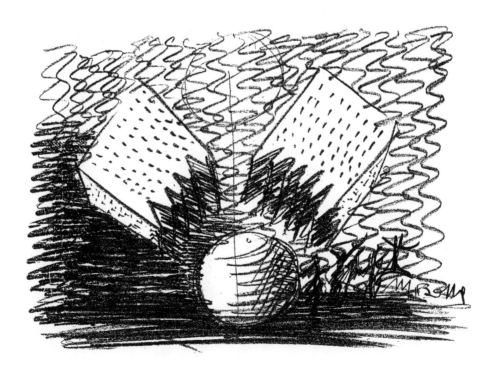

schaffen; es reicht, ihn zu evozieren, was etwas ganz anderes ist. Einen Raum zu evozieren, d.h. verschiedene Situationen heraufzubeschwören: das ist das Gegenteil dessen, was die Architektur bezweckt, die eine räumliche Situation vielmehr formen und endgültig bestimmen will.

Ich fertigte also einige Studienskizzen an und ging dabei von einem einfachen Aufbau mit drei Bühnenelementen aus. Das erste Element ist der abstrakte Bühnenhintergrund, der mit einem sehr dünnen Vorhang durch die Beleuchtung hervorgehoben wird und die Atmosphäre schafft. Das zweite Element ergab sich aus der Notwendigkeit, auf die Bühne ein physisches Element zu setzen, das im Gegensatz zum Hintergrund sehr ausdrucksstark wäre: Es wird von zwei beweglichen Kuben repräsentiert. Die Idee war, eine Art Maschine zu schaffen – ein bißchen wie die Maschinen Leonardo da Vincis –, die von Mal zu Mal andere Bedeutungen annehmen könnte. Schließlich wählte ich als drittes Element eine Kugel, ein «physisches» Element als Bezugsgröße zum Maßstab des Menschen. Das physische Volumen der schwebenden Kuben schafft unterschiedliche Bilder, bald einen Außen-, bald einen Innenraum, dann wieder die Bühnendecke. Mit diesen Elementen spielt die gesamte Bühnenbildgestaltung: Die Beleuchtung verändert ständig ihre

of the tree, appropriately illuminated in green, while the sphere rose on high to become a big, staring moon. Thus, the surprising flexibility and chameleon-like transforming power of these elements brought the magic of theatre convincingly alive on stage.

Wahrnehmung und schafft immer neue Situationen. So können die beiden innen ausgezackten Kuben (ein Hinweis auf den Nußknacker, wie manchen nicht entgangen sein wird) das Bild des Weihnachtsbaums magisch heraufbeschwören, das zum Ballett gehört. Der Baum erscheint dabei als Negativ, umrissen von der Dreiecksform der Zähne, die angemessen grün erleuchtet werden; die Kugel hebt sich und verwandelt sich in einen großen Mond. In der Flexibilität und der Fähigkeit dieser Elemente, ihre Identität von Mal zu Mal zu wechseln, versucht das Bühnenbild, die überraschende Magie des Theaters hervorzuheben.

Mario Botta im Dialog

A Concluding Dialogue

Über Plagiat und Imitation

Ich möchte mit einer Anekdote beginnen, um meine Frage einzuleiten. Vor einigen Jahren war ich in Piacenza Gast bei einem befreundeten Architekten, der mich zu einem Ausflug in die Umgebung einlud, um das letzte Werk von Mario Botta zu sehen. Wir kamen in ein kleines Dorf, und er zeigte mir eine Sportanlage auf einer schönen Wiese, die mir aufgrund ihrer Mauerverkleidung und verschiedener anderer Aspekte auf den ersten Blick wirklich wie eine Arbeit von Botta vorkam. Als ich dann genauer hinsah, kamen mir wegen der Schlampigkeit der Details Zweifel. Erst jetzt gestand mir der Freund den Scherz: Ich stand vor einer Arbeit des Dorfarchitekten.

Nun ja, es gibt einige Architekten – und Mario Botta allen voran – deren Werke nicht gezeigt werden dürften, vor allem nicht Studenten, denn sie verführen leicht zur Nachahmung. Sicher gab es immer verrückte Epigonen, von der Steinzeit bis zu Andrea Palladio und weiter. Aber im Fall der modernen Architektur ist das Plagiat (ob gelungen oder nicht) noch etwas beunruhigender. Dazu würde ich gerne Ihre Meinung hören.

Plagiarism and Imitation

To lead into my question, I'll begin with an anecdote. Some years ago I went to Piacenza to stay with an architect friend of mine. One day he suggested we went for a drive to have a look at the latest Mario Botta building. When we came to a small village, he pointed to a sports centre surrounded by green lawns. At first glance it really did look like a Botta building because of its brick cladding and other features. But when I looked more closely, I began to have doubts because the details seemed so sloppy. Only then did my friend reveal the joke: I had been looking at a building designed by the local surveyor.

There are some architects – first and foremost yourself – whose buildings should never be shown to people, and especially not to students, because they are so easy to imitate. Of course, there have always been stupid imitators, from Stone Age times to Palladio and beyond, but with modern buildings, the abuse of imitation, irrespective of the success or otherwise of the result, is rather more puzzling. Can you throw any light on the matter?

Botta: Mit einem Wortspiel könnte man sagen, daß der Fehler dessen, der mich nachahmt, darin besteht, daß er meine Fehler nachahmt. Es ist unvermeidlich, daß Leute ohne eigene Ausdruckskraft sich auf schon bekannte Formensprachen stützen. Das Problem der Imitation stellt sich, weil die Nachahmer meistens den methodischen Ansatz außer acht lassen und nur das schließliche Erscheinungsbild kopieren. So sammeln sie für ihre Bauwerke nur die außergewöhnlichen Elemente und nicht jene, aus denen die Regel besteht.

Tradition und Aktualität

Meine Frage betrifft den «Fortschritt der Tradition»: ein Fortschritt, der aus der ständigen mühevollen Arbeit nicht nur am Entwurf, sondern auch auf der Baustelle entsteht. Mario Botta geht noch heute auf Baustellen, sooft er kann. Daher rührt seine Aufmerksamkeit für die Behandlung der Details – Tag für Tag verbessert, im Lichte direkter Erfahrung –, bis er jene Höhe technischer Qualität erreicht, die wir alle bewundern. Dies, so glaube ich, ist die eigentliche Lektion, die Mario Botta den jungen Architekten erfolgreich vermittelt, nicht aber den blassen Imitatoren.

Botta: I could answer with a quip by saying that the defect of those who imitate me is that they imitate my defects. A lot could be said about this, but I think it's inevitable that people who have no language of their own borrow from existing languages. In most cases, the problem with imitation is that people almost always copy a final image, rather than an approach and a method.

As a result, they borrow only the exceptional features, not the ones that make the rule.

Tradition and Relevance

My question concerns "progress through tradition", the kind of progress that comes of immense, unstinting effort not only in design, but also, and most importantly, on site. I know that even today you go on site whenever you can. This has given you an eye for detail which has become sharper and sharper as you deal directly with problems on a day-to-day basis, resulting in the superlative technical standards we all admire so much. I think this is the

Botta: Das ist eher eine Betrachtung als eine Frage. Aber lassen Sie mich bei dieser Gelegenheit zum «Fortschritt der Tradition» sagen, daß es in der Kunstwelt vielleicht richtiger wäre, schlicht von Kontinuität zu sprechen. Es ist schwierig, beim künstlerischen Ausdruck Fortschritte zu machen: Sollen wir etwa sagen, daß Picasso Raffael überlegen ist? Das Wesentliche unserer Arbeit besteht darin, auch Verborgenes zu erfassen, das zuweilen die Sorgen und Spannungen unserer Zeit besser zum Ausdruck bringt als das, was offen zutage liegt. Ich bin jedesmal überrascht vom Interesse junger Leute, von ihrem Willen, Ziele und Bezugspunkte zu suchen, die in den Angeboten der Konsumgesellschaft und der mit ihr verbundenen Sprache nicht erkennbar sind. Jeder Ausdruck trägt eine innere Spannung in sich, die oft auf die Vergangenheit verweist. Der formale Ausdruck spiegelt präzise Verhaltensweisen und der Künstler arbeitet in der Absicht, in der eigenen Disziplin einen qualitativen Wert zu erreichen, an dem alle potentiell teilhaben können. Jeder künstlerische Ausdruck stellt auch eine «Gabe» dar. Der Architekt ist aufgerufen, seine Zeitgeschichte zu interpretieren und in die Gestaltung des Lebensraums umzusetzen. Die Architektur ist ihrem Wesen nach eine kollektive Tätigkeit und ein zutiefst soziales Faktum.

real message you are getting across to today's young architects, though not to your uncomprehending imitators.
    Botta: I think this is a statement, an idea, rather than a question, though I must say that, in the world of art, I think it's more appropriate to speak of continuity rather than "progress through tradition". Progress in art is an unlikely notion: ought we to say, for example, that Picasso is superior to Raphael?
    The essential thing about our work is being able to perceive those hidden features which sometimes reveal the tensions and preoccupations of our age better than other more obvious ones.
    I'm always surprised by the way young people try to track down and identify things which bear no relation to consumer society and the language it speaks. Any form of expression implies an inner tension which often has its roots in the past. Formal expression implies certain kinds of behaviour, and the artist's aim is to achieve a standard in his or her chosen discipline which then belongs to everyone. Every artistic achievement is also a gift. Architects are called upon to interpret the history of their age and translate it into or-

Wenn ich in eine Stadt komme, bin ich immer beeindruckt, wie leicht ihre historische Gestalt zu erfassen ist: Kommt man am Flughafen an, ist es einfach, die Gebäude aus den 80er Jahren zu erkennen, dann die vorangehender Jahre und, zum Zentrum hin, die Bauten vom Beginn des Jahrhunderts, aus dem 19. Jahrhundert, aus der Renaissance und dem Mittelalter... Diese Schichtung erscheint mit solcher Klarheit, daß die individuellen Züge einzelner Bauwerke und Architekten zurücktreten. Selbst die Bauwerke des vielleicht genialsten und eigenwilligsten Architekten, Antonio Gaudì, lassen sich historisch leicht einordnen. Die Aufgabe des Architekten besteht darin, die Architektur in einen Ausdruck der eigenen Zeit zu übersetzten, jedoch in einen positiven Ausdruck, auch wenn seine Ausgangslage oft negative Züge trägt. Fast immer muß der Architekt in einem kompromittierten baulichen Kontext arbeiten, trifft auf unwirtliche Zustände in Stadtrandgebieten und Arealen, deren natürliche Umwelt belastet ist. Und ich glaube, daß dabei die Erinnerung, die Tradition und die Vergangenheit ausgesprochen hilfreich sein können. Was die großen Umgestaltungen des Territoriums anlangt, kann man sich leicht davon überzeugen, daß wir Heutigen ungeachtet der Mittel, die uns zu Verfügung stehen, nicht allzu stark ins Gewicht fallen. Es ist daher unverzicht-

ganised living space. Of its very nature, architecture is a collective, profoundly social activity.

When I visit a city, I'm always struck by how much easier it is to read its morphology than its history. As you travel in from the airport, you can easily see the 1980s buildings, then earlier ones, and then, nearer the centre, the early twentieth-century buildings followed by those of the nineteenth century, the Renaissance, the Middle Ages ... and the historical progression of the buildings is so clear that it transcends all individual and personal considerations. Even Antonio Gaudí, probably the most individual and original of architects, can easily be seen as a child of his time. An architect's task is to make architecture an expression of its age, and in a positive way, even if the situations he faces are often negative. Almost always we are called upon to put right situations that have gone badly wrong, out in the suburbs where environmental considerations have been ignored. I think memory, tradition and the past can help us a lot here. It shouldn't take much to convince us that, despite the means at our disposal, what we are doing is pretty unimportant compared with the great transformations that have already taken

bar, aufmerksam und kritisch in die Vergangenheit zu schauen, nicht, um ihre Methoden nachzuahmen, sondern um das Potential der eigenen Zeit im Lichte ihrer Lektionen zu begreifen. Ein Haus, ist es einmal ausgeführt, gehört nicht mehr dem Architekten, sondern der Geschichte und der Gemeinschaft an: Sie sind seine legitimen Eigentümer. Dem Architekten bleibt das Privileg, der eigenen Zeit baulich Ausdruck und Form gegeben zu haben, die Anforderungen der Gemeinschaft intuitiv erfaßt und gedeutet und eine abschließende Synthese geschaffen zu haben, die sich im Erscheinungsbild des Bauwerkes niedergeschlagen hat. Letztendlich besteht die höchste Belohnung und das größte Privileg eines Architekten darin, sich als Kind seiner Zeit zu fühlen.

Architektur und Metapher

Entgegen einer verbreiteten Meinung ist Mario Botta ein geradezu erschreckend «theoretischer» Architekt. Viele singen das Lob des Handwerkers Botta, der auf Material, Technik, auf den Bauprozeß vor Ort etc. äußerstes Gewicht legt. Seine Entwürfe wirken dagegen demonstrativ, didaktisch, abstrakt. Theorie kommt von einem griechischen Verb, das «betrachten» bedeutet.

place. So it is essential that we take a careful and critical look at the past, not to emulate its procedures, but to understand what it has to teach us about the potential of our own age. Once built, a house belongs not to its architect, but to history and society at large. They become its rightful owners. The architect is left with the privilege of having built, shaped and formed his own age, of having intuited and interpreted the needs of society, and effected the final synthesis that gives them an image. In the end, an architect's greatest reward and privilege is being able to feel that he is a child of his age.

Architecture as Metaphor

Contrary to the widely held view, I think you are an exceedingly theoretical architect. Many critics sing the praises of architect-craftsmen who devote so much attention to materials, techniques, the site, and so on, whereas your projects always seem abstract and educational, designed to make a point. If I'm not mistaken, the word theory comes from the Greek verb "to view".

Botta: Hinter dem Bauen steckt immer ein Gedanke, der auch ethische Bedingung unseres Metiers ist. Man kann nicht nur auf technische Zwecke hinarbeiten, wie die Bauwirtschaft fälschlich meint. Hinter oder im Werk eines Menschen, sei es noch so klein, liegen eine Spannung und eine Geschichte, die auf den Archetypus, auf die ursprüngliche Bedeutung zurückverweisen.

Meine eigene Geschichte ist ungewöhnlich, und es ist mir noch nicht gelungen, sie vollständig zu begreifen. Bis heute mußte ich nie die Wahl treffen, was ich machen wollte. Aufgrund einer Reihe von Umständen und Ereignissen wurde ich mit der Lösung manchmal unerwarteter Probleme betraut, die mir zunächst fernlagen. Im Tessin habe ich viele Freunde, die auch Architekten sind, und gelegentlich habe ich versucht, Aufträge an sie weiterzugeben. Ich stellte jedoch fest, daß die Auftraggeber lieber auf den Bau verzichteten, als sich an einen anderen Architekten zu wenden. Dies bedeutet, daß die Klienten im Moment der Wahl im selben Maße auf den Architekten wie auf das Abenteuer eines neuen Bauwerks setzen. Ich sage dies auch, um zu zeigen, daß eine Reihe von Wünschen und Erwartungen häufig dazu führen, daß die Arbeit zum Architekten kommt und nicht umgekehrt.

Botta: Behind every act of building there's a thought, an idea, which is also the ethical precondition for what is built. You can't work for purely technical reasons, as the building industry mistakenly believes. Behind or within all human achievement, however insignificant, there is a tension and a historical continuity which refer back to archetypes, primal meanings.

My own career has been an unusual one, and I still haven't entirely made sense of it. Up to now I have never had to choose what to do because other people have chosen me. For a variety of reasons, I have been asked to sort out problems that are remote from my own personal concerns, and which I never thought I would have to deal with. I have many architect friends in Ticino, and I've sometimes tried passing commissions on to them. But I've noticed that potential clients prefer to forget about the commission rather than have to deal with another architect. This shows that, when the client has to decide, investing in the risky business of commissioning a new building means the same as investing in a particular architect. With the result that, the client's desires and expectations being what they are, it is often the job that seeks out the architect, rather than vice versa.

Bei der Präsentation eines Bandes meines Gesamtwerks (herausgegeben durch die Verlage Birkhäuser und Motta) in Mailand wies mich Pier Luigi Nicolin darauf hin, daß die Zeitspanne von 1985 bis 1990 über hundert Entwürfe umfaßt. Ich verspürte instinktiv ein gewisses Unbehagen, als müsse ich mich angesichts dieser hohen Zahl rechtfertigen. Dennoch glaube ich, daß ich in diesen Jahren ganz normal gearbeitet habe. Ich widmete mich meiner Tätigkeit mit Freude und Mühe, fast als wäre Arbeiten wie das Atmen eine absolut notwendige Lebensfunktion... Unter diesen Entwürfen sind viele Wettbewerbsbeiträge und auch viele Projekte, die das Entwurfsstadium nicht überwunden haben (ausgeführt wurden ein Dutzend Entwürfe). Es ist bedeutsam, daß kein Bauauftrag allein auf technische und funktionale Daten zurückzuführen ist. Fast immer sind funktionale Vorgaben ein Vorwand für weiterreichende Wünsche: Auch der Architekt, der sich als Handwerker versteht, der pragmatische Architekt, wird immer wieder mit Themen betraut, die eine metaphorische und symbolische Bedeutung haben. Zunächst behandelte ich kulturelle Themen wie Bibliotheks-, Theater-, Museums- und nun auch Kirchenbauten. Der letzte Auftrag, der mich ein wenig überrascht hat, kam aus Jerusalem, wo ich eine Arche Noah für einen Park entwerfen sollte.

In his presentation of my complete works for Birkhäuser and Motta Publishers in Milan, Pier Luigi Nicolin drew my attention to the fact that I completed over a hundred projects in the period from 1985 to 1990. I was rather embarrassed, and felt a sort of instinctive need to justify myself for having done so much. And yet, I think I worked quite normally during that period. I rejoiced in the effort and drew strength from what I was doing. Work seemed as necessary to life as breathing is ... Many of those projects were for competitions, and a lot of them never got further than the drawing-board. Only about a dozen were ever built. It's significant that no commission is ever entirely a matter of meeting purely functional and technical requirements. In most cases, a functional brief also and inevitably has what I would call an evocative dimension. I've noticed that practical, pragmatic architects are often commissioned to undertake projects with metaphorical and symbolic implications. In the past, my engagement with cultural themes has come through designing libraries, theatres, museums and now churches. Somewhat to my surprise, my latest commission has come from Jerusalem, where I've been asked to build a Noah's Ark in a park. I'm working on it with Niki de

Ich arbeite hier mit Niki de Saint Phalle zusammen, die die Tierskulpturen für die nach meinem Vorschlag aus Stein errichtete Arche schaffen wird. Es handelt sich um eines jener Themen, die sich vom technisch-funktionalen Bauen entfernen und einen metaphorischen Wert annehmen.

Leider lebt auch ein Architekt nicht ewig. Ich würde gerne noch lange arbeiten und sehen, welche Aufträge und Themen in ein oder zwei Generationen auf mich zukommen könnten... Aber ich wiederhole, daß es letztlich nicht der Architekt ist, der sich seine Aufträge aussucht: Die Arche Noah ist für mich wie ein Geschenk. Eine weitere außerordentliche Gelegenheit war der Entwurf der Kirche auf dem Gipfel des Monte Tamaro. Auch dieses Projekt verdanke ich einem hellsichtigen Auftraggeber, der über die liturgische Bedeutung der Kirche hinausgehen wollte. Er suchte nach einer idealen Möglichkeit, sein Interesse an diesem Berg zu sublimieren. Auch in diesem Fall war, so scheint mir, der Architekt aufgefordert, nicht nur seine eigenen Ideen, sondern auch andere Triebkräfte zu berücksichtigen; der Architekt ist nie allein, er wird immer von kollektiven Erwartungen getragen und vorangetrieben.

Saint Phalle, and I've recommended that it should be constructed in stone. Niki will do the animals. As you can see, it's one of those projects that draw your attention away from functional and technical requirements towards more metaphorical values.

Unfortunately, the problem is that an architect's life is as uncertain as anyone else's. I'd like to go on and on working so as to see what my clients, commissions and themes will be like two or three generations hence ... I can only repeat that it isn't the architect who chooses: the Noah's Ark was given to me as a gift. The Chapel of Monte Tamaro was another exceptional opportunity, which I again owe to an enlightened client who was looking for other meanings apart from purely liturgical ones, some ideal way of expressing his love of the mountains. In this case, too, I think an architect marshals other forces, not just his own ideas. He is never alone, he's always supported and encouraged by the aspirations of a community.

Architektur machen

Sie haben von den Problemen gesprochen, die mit den sozio-ökonomischen Bedingungen verbunden sind, welche den Architekten bei der Umsetzung seiner Idee von Architektur begünstigen oder behindern. Ich möchte Sie jetzt fragen, mit welchen Schwierigkeiten ein Architekt ihrer Meinung nach in Italien und besonders in Süditalien zu kämpfen hat, eine Region, die nicht nur ärmer als die Schweiz, sondern auch ärmer als Norditalien ist.

Botta: Für mich war die italienische Kultur immer von besonderem Interesse, und ich verdanke ihr viel. Gerade deshalb glaube ich, daß das Problem des Bauens in Italien hauptsächlich darin besteht, den Freiraum für die Suche nach architektonischem Ausdruck zu nutzen, der noch heute im Produktionsprozeß der Bauwirtschaft vorhanden ist. Vergessen wir nicht, daß die Architektur es direkt mit dem Produktionsprozeß zu tun hat und ihm nicht entgehen kann. Aus einer Reihe von Gründen, die ich nur erahnen kann, gelingt es in Italien den beteiligten Kräften vielfach nicht, die Produktionsmechanismen zu nutzen und verändernd in die Realität einzugreifen. Aber dies gilt nicht nur für Italien und auch nicht nur für den Süden. Ich finde die

Being an Architect

You've mentioned the social and economic conditions which help or hinder an architect in his efforts to translate an idea of architecture into a fully achieved, constructed building. I'd like to ask you what difficulties you think architects face in Italy, especially in the south which is poorer than Switzerland and even the north of Italy.

Botta: I've always been profoundly interested in and grateful for Italian culture, and have drawn inspiration from it accordingly. I think the real problem with building in Italy lies in identifying how much room remains for practising architects within the country's production processes as a whole. For reasons I can only guess at, many people have wasted much effort and intelligence in trying to gain access to these processes just so they can do something concrete. But this doesn't happen just in the south of Italy. I'm equally disheartened by the dreary urban landscapes I see in the suburbs of Germany and wealthy Switzerland. The buildings are solid and efficient enough in the technical sense, but they're so stupid and short-sighted, and

unwirtlichen und traurigen städtischen Peripherien in Deutschland und der reichen Schweiz niederschmetternd. Die Bauten, so solide und technisch effizient sie sein mögen, zeigen eine derartige Geistlosigkeit und Kurzsichtigkeit, einen Mangel an Perspektive und Großzügigkeit, daß sie selbst in ärmeren Ländern Mitleid erwecken könnten. Ich wiederhole oft gegenüber meinen Freunden, daß die gegenwärtige Stagnation in Italien ein ungeheures Potential verbirgt und zurückhält. Sicher, es ist traurig, die Widrigkeiten zu sehen und den demütigenden Mangel an Arbeit zu registrieren, der es den einfühlsamsten Geistern verwehrt, sich auszudrücken. All dies ist schmerzlich und erniedrigend. Ich bin jedoch absolut überzeugt, daß Italien die kritische Luzidität, die Kraft, den Mut und die Kultur für einen erlösenden Wandel wiederfinden wird, sobald dieser historische Moment überwunden ist.

Vor Jahren befand ich mich in den USA und fragte einen Freund nach seinen Plänen. «Ich warte auf den August, um nach Italien zu fahren.» Ich erwähne dies, um zu sagen, daß Italien trotz der Widersprüche ein enormes historisches Erbe und große Energien bewahrt, die Ausgangspunkt für die Verwirklichung großer Ziele sein können. Es ist schwierig, mit den gegenwärtigen Unbekannten fertig zu werden; es ist schwer, zu begreifen, wie so

show a lack of generosity and vision that makes poorer nations and cultures despair. I often tell my friends that Italy's current *impasse* is holding back enormous hidden potential just waiting to be released. Of course it's depressing to see real architectural talent being stifled, and young people denied the opportunity to work. It's painful and humiliating. But I'm totally convinced that, once this particular historical moment has passed, Italy will quickly discover it has the energy, courage and critical vision it needs to put things right.

When I was in the States some years ago, I asked a friend what he was doing, and he said "I'm waiting for August so I can go to Italy". Which goes to show that, despite its contradictions, Italy is capable of great things, and has an enormous fund of energy and history waiting to be harnessed and used. I know it's difficult to keep the present madness under control, and I know it's difficult to reconcile oneself to just how much bad architecture has been built, but the fact remains that Italy is a unique place for architecture.

To a certain extent, I too have had personal experience of the difficulties you face in your country. In my bottom drawer I have ten or twelve projects commissioned by as many local authorities in Italy, and I just can't seem to

viele schlechte Bauten entstehen konnten, aber Italien bleibt ein privilegiertes Land für die Architektur.

Wenigstens teilweise kenne auch ich Ihre Schwierigkeiten aus eigener Erfahrung. Ich habe zehn und mehr Entwürfe für ebensoviele öffentliche Verwaltungen in der Schublade, die ich nicht fertigstellen kann. Das Projekt des Museums in Rovereto zieht sich seit fünf Jahren in die Länge. Es scheint, daß die Finanzierung sogar gesichert ist, aber nun findet man nicht den richtigen Verfahrensmodus, um die Gelder freizubekommen. Die Gründe sind schwer zu verstehen: Es gibt die programmatischen Vorgaben, es gibt den Willen, das Geld ist vorhanden, und doch...

Mir ist die Enttäuschung und Demütigung junger Leute vertraut, und nicht nur in Italien. Wir befinden uns in einem schwierigen historischen Moment, in dem vielleicht auch wir Architekten Opfer bringen müssen. Wenn ich mich einerseits für die große Zahl ausgeführter Entwürfe entschuldigt habe, so muß ich andererseits sagen, daß ich in Lugano, wo ich seit dreißig Jahren mit um die dreißig Mitarbeitern arbeite, noch nie einen Auftrag der Stadtverwaltung erhalten habe. Ich habe für private Auftraggeber gebaut, nie für eine Institution der Gemeinschaft. Es ist sicher sehr befriedigend, nach

get them off the ground. The museum project in Rovereto has been dragging on for five years now. The money is there, but no one seems to know how to cut through the red tape and get things moving. It's difficult to understand why. The plan has been approved, the will is there, the money is there, and yet ...

I've seen this kind of disappointment and humiliation before, especially among young people, and not just in Italy either. It's a difficult period, and perhaps we architects are being made to pay for it too. I may have tried earlier to justify the number of projects I've done, but I can tell you that in Lugano, where I've been working for over thirty years with a team of around thirty people, I've never once been commissioned to do something for the local authorities. I've built for private clients there, but never for the public sector. Of course it's gratifying to be summoned to Seoul, Tokyo or San Francisco, but an architect's greatest satisfaction is to work and make a name for himself in the place where he was born. On the other hand, the current state of affairs also reflects the new situation architects find themselves in, intimately bound up with their local communities but also citizens

Seoul, Tokio oder San Francisco gerufen zu werden, aber die größte Befriedigung für einen Architekten ist es, sich dort zu bewähren, wo er geboren ist. Andererseits spiegeln sich darin auch die neuen Bedingungen für den Architekten, der zwar tief mit seiner lokalen Gemeinde verbunden, aber auch Weltbürger ist. Daraus ergeben sich das Privileg und der Vorteil, mit weit entfernten Realitäten konfrontiert zu werden, mit denen der Architekt heute auch moralisch verbunden ist. Vor einiger Zeit stellte ich den Entwurf für das «Business Center» in Moskau vor. Auf diese Weise traten eine Stadt und eine Kultur in mein Leben, die ich für weit entfernt hielt. Plötzlich fand ich mich im Kielwasser der großen Tradition Tessiner Emigranten wie der Trezzini, der Solari und Adamini. Vielleicht stimmt es, daß sich die Geschichte wiederholt, denn auch diese Architekten reisten durch verschiedene Städte auf der Suche nach Arbeitsmöglichkeiten.

Die Arbeit des Architekten kennzeichnet ein ganz einfaches Merkmal: man erlernt sie, indem man sie ausübt. Die Architektur ist Teil des Bauwerks, und nur im ausgeführten Werk kommt es zu einer Synthese von Idee und Wirklichkeit. Von der Intensität dieser Begegnung hängt die Qualität der Architektur ab, die für einen Architekten das letzte Ziel darstellt.

of the world. Architects have the advantage and privilege of being able to experience situations that are geographically remote from their own, but morally belong to them by right. Some time ago I presented a project for a business centre in Moscow which a Swiss group had asked me to develop. A city and culture which had seemed remote suddenly became a part of my life, and I found myself following in the footsteps of illustrious Ticino emigrants of the past like Trezzini, Solari and Adamini. Perhaps history *does* repeat itself, because those architects too moved to other cities looking for opportunities to work.

There's something very simple about being an architect: you learn your job by doing it. Architecture is inseparable from building: only a constructed building can bring together the physical world and the world of ideas. The intensity of the encounter determines the quality of the architecture itself, and good architecture is the ultimate aim of any architect.

Entwurf und Territorium

Mario Botta gehörte zu den ersten, welche die Idee vertraten, daß zwischen dem Bebauungsplan und der Architektur eine enorme Diskrepanz besteht. Der Mythos des «Plans» unter den Bedingungen der heutigen Gesellschaft, die sich in beständigem und unvorhersehbarem Wandel befindet, ist in eine tiefe und offenbar irreversible Krise geraten, so sehr, daß Botta dafür keine Grundlage mehr sieht. Daher war ich überrascht, daß sich auch Botta bei der Einleitung des Themas «Stadt» dem Ritual soziologischer Erklärungen unterzogen hat: die Invasion von Immigranten aus der Dritten Welt in Europa, die Gettobildung in den Arbeiterbezirken, die Drogenproblematik, das Unbehagen in den Städten etc. Wohlverstanden: das alles sind große und echte Probleme, über deren Bedeutung wir jeden Tag vom Fernsehen und den verschiedenen Massenmedien informiert werden. Aber es handelt sich um Gegenstände, die aus der Architektur verbannt werden sollten. Sie räumen selbst ein, daß Sie auf diese Fragen keine Antwort wissen. Warum also davon sprechen? Warum überlassen wir es nicht den Politikern, Soziologen und Futurologen, über das Schicksal der Großstädte zu brüten? – ein

Architecture and Planning

You were one of the first architects to state that there's an enormous gulf between architecture and its notorious sister discipline, city planning. Constant and unpredictable changes in modern society have eroded the myth of planning to such an extent that its decline now seems irreversible. You yourself have radically questioned the principles on which it's based. So I was surprised that, when talking about the city, you resorted to the usual litany of social problems like the influx of Third World immigrants in Europe, the transformation of working-class districts into ghettos, the drug problem, urban blight, and so on. Of course these are real and serious problems, as television and the mass media constantly remind us, but they should be no concern of architecture. You yourself have admitted that you have no answers to these problems, so why talk about them? Why not leave it to politicians, sociologists and futurologists to ponder the destiny of our great cities? This destiny will certainly never be affected by "planning schemes", those old, rusty tools which never "plan" anything at all, if only because they are

Schicksal, das sicher nicht mit phantomhaften «Bebauungsplänen» in den Griff zu bekommen ist, die allein schon deshalb versagen müssen, weil dieses alte und verrostete Instrument von Anfang an durch das naive Planungsprinzip der «russischen Puppen» gekennzeichnet war: Der Bebauungsplan des Viertels muß im Stadtbebauungsplan, dieser im Bebauungsplan des Großraums und dieser wiederum im regionalen Bebauungsplan usw. enthalten sein – ein Crescendo der Machbarkeitsillusion. Ich sage es nur ungern, aber die Stadtplanung ist eine Disziplin für diktatorische Regimes: eine Disziplin, zu der ein poetischer Architekt wie Mario Botta sicher keinen Beitrag leisten kann.

Botta: Ich kann versichern, daß es nie meine Absicht war, mich an die Stelle der sogenannten Experten einer komplexen Disziplin wie der Stadtplanung zu setzen. Ich wollte lediglich in Erinnerung rufen, daß die Arbeit des Architekten heute eine ganze Reihe von Problemfeldern in bezug auf die Stadt einschließt, über die sich der Architekt klar sein muß. Auch wenn ich mich angesichts der Komplexität der Stadt ohnmächtig fühle, hilft mir doch die ständige genaue Betrachtung ihrer Vielgestaltigkeit, ihres Wachstums und ihrer Verwandlungen, den Kontext zu verstehen, in den ich als Architekt

invalidated from the start by the innocent assumption that the planning process is like a Russian doll – a district plan has to be part of a city plan, which has to be part of a metropolitan plan, which has to be part of a regional plan, and so on, in an escalating delusion of power. I'm sorry to have to say this, but city planning is a discipline for dictatorial regimes, and certainly not one to which an architect-poet like yourself has anything useful to contribute.

Botta: I can assure you that I've never wanted to do the job of an "expert" in a discipline as complex as city planning. I simply wanted to point out that the architect's job now ranges across wider problems relating to the city, and that architects have to take these problems into account. Though I feel impotent when faced with the sheer complexity of cities, the fact that I continually try to interpret how cities are re-forming, transforming and regrouping themselves does help me to understand the particular context I'm asked to work in. I firmly believe that solutions are often implicit in the site itself: intervention is easier if you have a clear idea of what a city is and where it seems to be going. One example is the mistaken assumptions

eingreifen soll. Ich bin zutiefst überzeugt, daß die Lösungen bereits in den Orten selbst angelegt sind: Der bauliche Eingriff wird einfacher, wenn es gelingt, die verborgenen Anlagen der Stadt zu erkennen und zu interpretieren. Der bereits erwähnte Wettbewerb in Basel enthielt zum Beispiel einige falsche Prämissen: Das Programm lud dazu ein, mit einem Eckgebäude zwei Stadtteile mit unterschiedlicher Gestalt zu vereinen. Dem Architekten kommt die Aufgabe zu, das Territorium, auf dem er arbeiten soll, kritisch zu verändern. Die kritische Lektüre des Kontextes ist bei der Entwurfsarbeit immer der erste Schritt. Ich glaube, daß ich den Wettbewerb gerade aufgrund der «urbanen Ausrichtung» des Entwurfs gewonnen habe, die weit entfernt von streng funktionalen Gesichtspunkten war. Dann erfüllte der Entwurf auch funktionale Kriterien und gefiel den Bankiers, aber mein Hauptinteresse war es, auf die Stadt zu reagieren, mit dem Entwurf eine bestimmte Deutung der Stadtgestalt zu konsolidieren und letztendlich die Stadt mit größerer Klarheit zu interpretieren. Ich glaube also, daß architektonische Werk kann eine klärende Funktion annehmen, d.h. eine Interpretation statt einer anderen stützen und fördern.

---

of the competition in Basel I mentioned earlier, whose rubric specified a corner building designed to unite two different morphologies within the city. The architect's first design task must always be to make a critical reading of the context he's asked to work in, and I think I won the competition because of the urban rather than strictly functional implications of the project I submitted. It also worked pretty well, and the bank liked it, but my main concern was to react to the city, to make the project a vehicle for a certain way of interpreting urban forms, and finally, to interpret the city itself with greater clarity. Yes, I think that architecture does have this clarifying function, that it should champion one interpretation of the city rather than another.

Today we can work either *for* or *against* the city. Working for the city means consolidating and enhancing its existing message, morphology and vocation; working against the city means hastening its decline by transforming it into a continuous, undifferentiated mass of buildings. Remember that even a small building can help consolidate a city. When you look at the buildings of the past, you realise that they always have something to say about the

Heute kann man *für* die Stadt oder *gegen* sie arbeiten. Für die Stadt arbeiten heißt, ihre Bestimmung, ihre Botschaft, ihre Gestalt zu konsolidieren; gegen sie zu arbeiten bedeutet dagegen, zu ihrem Verfall beizutragen und sie in ein unbegrenztes und undifferenziertes Konglomerat zu verwandeln. Man kann eine Stadt auch mit einem kleinen Gebäude konsolidieren. Betrachten wir die Architektur der Vergangenheit, so spricht sie immer von der Stadt. Wenn wir die Wohnhäuser Le Corbusiers sehen, erahnen wir ein größeres Bild des Territoriums; ein Blick auf die Zeichnungen der «Ville Radieuse», und wir wissen, daß der Architekt auf ein Modell der Stadt Bezug nahm, deren physische Ausführung wichtig war, um ihre großen Freiflächen hervorzuheben.

Die Architektur hat immer ein Interpretationspotential. Wenn ich die Bemühung für wesentlich halte, den ganzen Kontext zu verstehen und nicht allein dessen Bebauung, dann deshalb, weil ich in der Aufwertung der Räume das Planungsziel jeder Architektur sehe.

city. When you look at Le Corbusier's houses, you sense that they're giving you a broader image of their context. The drawings of the Ville Radieuse show that Le Corbusier was working from a model of the city whose physical construction would be an important way of drawing attention to its big open spaces.

Architecture always has this interpretative potential. If I believe so strongly that we must make an effort to understand context and not just buildings, it's because I recognise that the aim of any building is to improve and enhance space.

«Mittleres Maß» und Engagement

Meiner Meinung nach besteht die Rolle des Architekten nicht darin, Außergewöhnliches, sondern mit großem handwerklichem Können, aber auch mit der gebotenen Bescheidenheit eine gute «mittlere» Architektur zu schaffen. Ohne es zu wollen, läuft Botta Gefahr, zu einem «schlechten Meister» zu werden und um jeden Preis das Laster der «Originalität» zu nähren. Da er das Glück hat, viel bauen zu können, hat er, so glaube ich, auch die Pflicht, mit Blick auf die Regeln unseres Metiers Beispiele guten Bauens zu liefern.

Botta: Ich werde über Ihre Anregung nachdenken, aber erlauben Sie mir gleich eine kurze Antwort: Ein Architekt muß, wenn er arbeitet, vor allem versuchen, sich selbst zu retten. Nicht der Architekt ist es, der auswählt, was er machen will. Und ich glaube, daß es wichtig ist, so weit wie möglich Zeugnis von den eigenen Möglichkeiten abzulegen, wenn man das außerordentliche Privileg genießt, bauen zu können. Ich halte es für unmoralisch, das Niveau des eigenen beruflichen Engagements zu senken. Dies bedeutet nicht, daß man dann nicht auch einige Regeln beachten muß. Aber die Idee, einen Auftrag in eine gute «mittlere» Architektur zu übersetzen, läßt mich erschau-

Mediocrity and Commitment

In my view, the architect's job should be to produce not exceptional buildings, but good "average" buildings that are well crafted, certainly, but also appropriately modest in their aims. Without realising it, I think you run the risk of being a "bad" teacher by doing everything you can to encourage the vice of "originality". Having had the good fortune to build a lot, I think it's also your duty to offer examples of good building which obey and uphold the rules of our discipline.

Botta: I'll think about what you say. But I can already give you one sort of answer, which is that an architect must above all try to work his own salvation. He has no choice in the matter. I think you have to give the best account of yourself you can when you're granted the extraordinary privilege of being able to build something. The idea of deliberately being less professional than you're capable of seems immoral to me. That doesn't mean you shouldn't obey and uphold certain rules, but the idea of translating a commission into good "average" architecture horrifies me. When someone asks you to do

dern. Wenn man um etwas gebeten wird, muß man sein Äußerstes geben. Das ist ein ethisches Gebot. Sicher besteht die Gefahr – das räume ich ein –, die Grenze zur Sucht nach dem Außergewöhnlichen zu überschreiten. Aber es ist schwierig, auf kleiner Flamme zu kochen, ob ich einen Stuhl oder ein Bühnenbild oder ein Haus, eine Kirche, einen Markt oder ein Museum entwerfe.

Hätte ich in San Francisco diese Angst gehabt und das Niveau auch nur um Weniges gesenkt, indem ich die durchaus ein wenig provokative Lage des Museums zur Downtown abgeschwächt hätte, dann hätte ich zuallererst mich selbst betrogen – mich selbst, meine Kinder, meine Freunde, meine Kritiker, alle. Und warum hätte ich wohl bei dieser einmaligen Gelegenheit, mich mit einer so außergewöhnlichen Stadt wie San Francisco auseinanderzusetzen, die Ziele meines Entwurfs niedriger ansetzen sollen? Etwa, um bestimmte negative Entwicklungen der Stadt zu bestätigen und so zu ihrem Komplizen zu werden? Ich bin daran gewöhnt, zu arbeiten und noch aus den ärmlichsten Kontexten das Äußerste zu holen. Und dies alles in historischer Perspektive auch mit dem Risiko, eher übertrieben außergewöhnliche Entwürfe zu schaffen, statt solche, die eine «mittlere Qualität» haben. Man muß sich also vorse-

something, you must do it to the best of your ability. This is the only ethical response.

I admit there's a danger of trying to be too original, but it's difficult to stop yourself doing your best, whether you're designing a chair or a stage set, a house, a church, a market or a museum.

If I'd had these kinds of misgivings in San Francisco and had lowered my sights accordingly – perhaps by toning down the museum's provocative stance towards the downtown city – I'd have betrayed myself, and not just myself, but also my children, my friends, the critics, everyone. And why on earth should I have lowered my sights when offered the chance to do something important in an extraordinary city like San Francisco? Maybe you think I should have toed the line and done the "accepted" thing! I'm used to trying to make the most of even the most unpromising situations, even at the risk, in a historical perspective, of producing projects that are too original rather than leaving behind buildings designed to uphold the average. So beware! Lowering your standard can often mean lapsing into mediocrity. It's ever so easy to adopt rules which end up debasing the quality of our cities. No, I think

hen, denn das Niveau absenken bedeutet häufig, in Banalisierung zu verfallen. Ehe man sich's versieht, hat man Regeln übernommen, die tatsächlich die urbane Qualität verschlechtern. Wer also das Privileg genießt, entwerfen und bauen zu können, sollte daher meiner Meinung nach sein Bestes geben.

Im Gegensatz dazu ist die Aufgabe der Schule, der Institutionen und der Bebauungspläne, das Außergewöhnliche, die Regelübertretung nicht zu konsolidieren, sondern die Regel zu bestätigen. Ich halte es für legitim, daß jeder von uns nach dem Höchsten strebt, auch in dem kleinen Bereich, der ihm zugestanden ist. Ich glaube, daß sich der Freiraum der Architektur heute leider auf jenen Rest beschränkt, den der Markt, die Bauordnungen und die Ökonomie übrig lassen. Und wehe, es gelingt uns nicht, diesen kleinen Spielraum zu nutzen, in dem noch Bauwerke möglich sind, bei denen wir unsere ganzen Möglichkeiten unter Beweis stellen können. In einem gewissen Sinne müssen wir von den Wissenschaftlern lernen und den Raum des Eingriffs zu verringern wissen, um immer mehr in die Tiefe gehen zu können. Nur so können wir hoffen, daß es uns gelingt, für die gesamte Gemeinschaft als positives Zeugnis unserer Zeit Zeichen zu setzen – denn es handelt sich um kleine Zeichen. Wer sagt mir, daß es heute keinen Wert mehr hat, ein provokantes

that anyone who is allowed the privilege of designing and building must do it to the best of his ability.

On the other hand, the task of schools, institutions and planning schemes is to defend the rule rather than encourage originality. But I think each of us is justified in trying to do our best, even in what little space is granted to us to work in. Unfortunately, architecture now has to make do with left-over spaces that haven't been snapped up by developers, planners and financiers, so woe betide us if we fail to make the most of these meagre opportunities to show the world what we're capable of. In a sense, we should learn from scientists and try to narrow down our focus so we can penetrate more and more deeply. Only in this way can we hope to redeem for society at large some small piece of the city – because that's what we're dealing with – that we've managed to transform in a positive way as a statement about our age. Who can assure me today that a challengingly provocative building has less value than one which merely perpetuates the existing fabric? It may be precisely that provocative building which helps me to make better sense of the fabric – if it weren't there, it's place would be taken by some other uninterest-

Zeichen in einen belanglosen Kontext zu setzen? Vielleicht hilft mir gerade dieses Zeichen, den Kontext besser zu lesen; wäre es nicht vorhanden, bliebe eventuell an seiner Stelle ein anonymes und gleichgültiges Bauwerk, dessen Regeln wir vielleicht unmöglich erkennen könnten.

Dies mag wie eine egoistische Haltung wirken, aber es ist die einzig mögliche. Es ist, als würde man einen Maler auffordern, mittelmäßig zu malen. Ein Künstler vor einer Leinwand gibt sein Bestes. Vielleicht hat er keinen Erfolg, vielleicht findet er nicht die richtigen historischen Bedingungen, oder ihm fehlt die moralische Kraft und er arbeitet nicht im richtigen Geist... Aber wehe, wenn er sich vor die weiße Leinwand stellt und ein manieristisches Werk malt. In dieser Hinsicht müssen wir lernen, rigoros zu sein und aus allem, was wir entwerfen, das Maximum herauszuholen. Ich glaube, daß der Ehrgeiz, es gut zu machen, und der Drang, sich auszudrücken, außerordentliche Antriebskräfte des Menschen sind, die nicht erlahmen. Die Schule müßte sie nur zum Vorschein bringen und unterstützen.

Ich stehe den Architekturschulen, die Studenten entmutigen, kritisch gegenüber. Ich habe zwei Kinder, die Architektur studieren: Es ist eine Qual. Statt ihnen die Möglichkeiten zu zeigen, das Potential der Arbeit, unternimmt

ing, anonymous building which perhaps tells me nothing at all about the rules that produced it.

This may seem a selfish attitude, but it's the only one to have. Otherwise it would be like asking a painter to do a mediocre painting. When an artist stands in front of a canvas he does the best he's capable of. Perhaps what he does isn't a success, perhaps the moment isn't the right, perhaps he doesn't feel right either and can't go about it in the right way ... but Heaven help him if he looks at his white canvas and just does something mannered and affected. We must learn to be rigorous and get as much as we can out of what we design. I think that the desire to do things well and the need to express ourselves are two very powerful human urges, and we should do nothing to weaken them. A school's main task should be to activate and encourage them.

I'm critical of schools which discourage their pupils. I have two children who are studying architecture. It's sheer agony. Instead of talking to them about possibilities and potential, the school does everything it can to discourage them. It exerts a negative force, and this will inevitably affect how they

die Universität alles, um sie zu entmutigen; sie übt einen negativen Druck aus, der sich unweigerlich auf die Einstellung zur Außenwelt auswirken muß. Wenn selbst die Schule, die die Studenten heranbilden und zum äußersten Ehrgeiz anhalten sollte, ihnen die Hoffnung nimmt, dann sind die Aussichten wirklich schwarz. Warum sollten wir, wenn die Lage so aussichtslos erscheint, noch weiterkämpfen?

Zwischen Innen und Außen

Mir ist aufgefallen, daß sie in ihren Entwürfen schlichte Volumina einsetzen, wie Kuben oder Zylinder, die aber meistens innen ausgehöhlt sind. Mir fiel dazu Adolf Loos und seine Raumplan-Theorie ein. Außerdem habe ich bemerkt, daß sie in anderen Fällen den Innenraum verdichten, um ihn dann in Doppelgeschossen explodieren zu lassen. Mir kam dabei Le Corbusier in den Sinn und seine mythischen Meisterwerke. Und noch etwas: mich interessiert die Rolle, die in ihren Kompositionen das Glas spielt.
  Botta: Ich benutze Glas als technisches Instrument, das mich vor der Kälte und dem Wind schützt, als obligate Trennung zwischen Innen und Außen.

relate to the outside world later on. If even our schools – which should be training young people and encouraging them to be ambitious – deny them hope, then the future looks very bleak indeed. If no one encourages us to do our best, why should we keep on fighting?

Inside and Outside

I've noticed that, although you use simple volumes like cubes and cylinders in your projects, they are almost hollowed out inside, which makes me think of Loos and his theory of Raumplan. *I've also noticed that in other cases you compress interior space, then make it soar upwards in double heights, which reminds me instead of Le Corbusier and his legendary masterpieces. Finally, I'm curious about the role glass plays in your compositions.*
  Botta: I use glass as a technical device to protect me from wind and cold, an obligatory barrier between inside and outside. If I could, I would do away with this barrier entirely. I dream of going to build in tropical countries where you don't have to close buildings and there's no problem of physical separa-

Wenn ich könnte, würde ich solche Trennelemente nicht verwenden. Ich wünschte, ich könnte in die Tropen gehen, um ohne das Problem solcher Absperrungen und physischen Trennungen bauen zu können; ein Klima von 20 Grad das ganze Jahr hindurch ist ein Paradies. Zu einem besseren Verständnis Le Corbusiers kam ich gerade in den lateinamerikanischen Ländern, wo der Architekt im Hinblick auf die Ausdruckskraft architektonischer Elemente sein Äußerstes gegeben hat: die großen Sonnenblenden, die Übergangsräume, der Einsatz des Schattens. Wenn man nach Marseille fährt und die Trennelemente zwischen Innen und Außen sieht, verspürt man zwangläufig eine gewisse Verstimmung. Le Corbusier ist ein Architekt der Gegenüberstellung von Fülle und Leere. Das technische Element des Glases setzte Mies van der Rohe erfolgreich ein, der ihm einen poetischen Ausdruck zu geben vermochte.

Was die Architektur der offenen Gebäudeteile angeht, so glaube ich, daß es sich dabei um eine Möglichkeit handelt, die Elemente zu betonen, die der Architektur eigen sind, um die Übergangsräume zwischen Innen und Außen zu definieren. Ein Freund, Jean-Marc Reiser, der große französische Cartoonist, der kürzlich leider verstorben ist, war einer der kritischsten, scharfsinnigsten und außergewöhnlichsten Menschen, die ich je gekannt habe und

tion. An even 20 °C all year round would be paradise to me. I think you see Le Corbusier at his best in the Latin American countries, where he excelled himself in his expressive use of architectural features like brise-soleils, transitional spaces and shadow. When you go to Marseilles and see how the interiors are closed off and separated from exteriors, you can't help feeling slightly irritated. Le Corbusier was an architect of solids and voids. Glass walls were fine for Mies van der Rohe because he managed to make them look poetic.

Regarding your comment about my buildings being hollowed out inside, I think this is really a way of enhancing intrinsic features of the architecture, of defining the transitional spaces between inside and outside. A deceased friend of mine, the great French cartoonist Jean-Marc Resier, was one of the most acute, discerning, extraordinary people I have ever known, with an amazing knack for hitting the nail on the head (he was merciless with politicians, scientists, and engineers). He once said to me that modern architecture is like a patient who manages to stay alive by being connected to life support machines. Until the beginning of this century, architecture always had its own ways of coping with external climate, things like thick walls and transi-

hatte die Gabe, alles in einer Zeichnung komprimiert zu erfassen (er war erbarmungslos gegenüber Politikern, Wissenschaftlern, Ingenieuren). Er sagte mir, daß die moderne Architektur wie ein Kranker sei: Sie könne nur dank der künstlichen Ernährung der Energiequellen überleben, mit denen sie verbunden ist. Sie überlebt also nur, weil sie von anderen Energien getragen wird. Die Architektur hatte bis zum Beginn dieses Jahrhunderts immer die Fähigkeit, mit ihren eigenen Mitteln dem Klima zu widerstehen (große Mauern und offene Übergangsräume). Dann wurden wir Zeuge einer beständigen Verminderung ihres Eigenwertes: von der Steinmauer zur Ziegelsteinmauer, vom Betongerüst zur Curtain-Wall, vom Glas zum Luftschirm aus dem Gebläse, der heute manchmal den Innen- vom Außenraum trennt (bei vielen Gebäuden besteht diese Trennung wirklich nur aus einer Luftwand). Aber zu welchem Preis? Wir haben direkten Anschluß an die Ölfelder, aber es fehlen ausdrucksvolle Elemente, die fest in der Architektur wurzeln. So müssen wir ständig bei technischen Versorgungseinrichtungen Zuflucht suchen, und diese Ressourcen reichen nie aus, weil die Architektur sich von ihren eigenen Konstruktionsmitteln zur Lösung der Probleme, die sich durch die Trennung zwischen Innen und Außen stellen, verabschiedet hat. Die Architektur der

tional spaces. Since then, these features have gradually been pared down: stone walls have become brick walls, concrete frames have become curtain walls, and glass has now become the barrier of forced air separating inside and outside you now find in many buildings. But at what price? We have direct links with oil wells, yet we're still paying for modern architecture's lack of intrinsic support structures of its own. So we have to go on borrowing energy supply technologies, and these will never be enough because architecture has renounced the idea of using its own resources to solve the problem of separating the insides and outsides of buildings. My kind of hollowed-out architecture could be seen as an architecture of protection which creates a microclimate between inside and outside. It enables transitional spaces to be built which mediate the effects of rain and sun.

Modern architecture could be described in terms of the way architects have tried to solve the problem of keeping inside and outside separate. For his prairie houses Wright used big roofs, which create genuine microclimates. I'm thinking here of the Roby House and the Martin House, of the roof as a basic feature of all organic architecture. Le Corbusier re-invented the

offenen Gebäudeteile, die ich vorschlage, kann daher auch als Architektur des Schutzes gelesen werden, die zwischen Außen- und Innenraum ein Mikroklima schafft sowie Übergangsräume und eine vermittelte Beziehung zu Regen und Sonne herstellen kann.

Man kann die moderne Architektur daraufhin betrachten, wie ein Architekt das Problem der Trennung von Innen und Außen gelöst hat. Wright tat dies mit den großen Dächern der Prärie-Häuser, die ein wirkliches Mikroklima schaffen (ich denke an das Roby und das Martin House, an das Dach als fundamentales Element jeder organischen Architektur); Le Corbusier erfand die Sonnenblende, ein Element, das es schon in orientalischen Ländern gab, aber in seiner Architektur die Übergangsräume neu charakterisiert; Louis Kahn schließlich entwarf Häuser als geschützte Räume geradezu im Inneren von Häusern. Ich glaube somit, daß ich mich nicht in eine falsche Tradition stelle, wenn ich darauf abziele, daß die Architektur sich ihren Raum selbst schafft, ohne das Problem des Schutzes und der Trennung von Innen und Außen auf andere Instrumente abzuwälzen. Auch deshalb versuche ich, möglichst geschlossene Fassaden zu entwerfen. Ich muß gestehen, daß es mir hier Schwierigkeiten bereitet, Lösungen zu finden; es scheint mir, daß ich

brise-soleil, which already existed in Oriental countries, by using it to create a new kind of transitional space. Louis Kahn even went so far as to design a house within a house as protection. So I don't think I can be accused of perpetuating a false tradition when I try to ensure that architecture creates autonomous space which doesn't have to rely on external means to protect itself from the elements and separate interior from exterior. This is one reason why I try not to put openings in façades, though I must confess that this does create problems, and that I sometimes have to resort to other means, when I know I should try to solve them by organising space differently. From this point of view, paring down a design can be an extraordinarily effective device. It allows me to convey a sense of primary, monumental form which contrasts the building with its surroundings, and then, later on, to hollow it out to create a smaller, more domestic human environment.

auf fremde Mittel zurückgreife, wenn ich die Probleme nicht durch die Raumgliederung löse. Unter diesem Gesichtspunkt wird das Weglassen zu einem außergewöhnlichen Instrument. So kann ich monumentale, primäre Formen schaffen und mit der Landschaft konfrontieren, um dann durch Wegnahme und Aushöhlung eine verkleinerte, häuslichere Dimension herzustellen, die ein menschliches Maß hat.

Die Lehren Le Corbusiers

Ich würde gerne wissen, welches der Werke Le Corbusiers ihrer Meinung nach das bedeutsamste ist und ob Sie den «Meister» aus La Chaux-de-Fonds persönlich gekannt haben.

Botta: Die Antwort ist nicht leicht, denn jedes Werk kann auf verschiedene Weise interpretiert werden. Als ich Student in Venedig war, entwarf ich ein kleines Haus, das mehr noch als eine Hommage einen Versuch darstellte, Le Corbusier zu verstehen. Statt etwas über ihn aus Büchern zu lernen, machte ich eine Übung und schuf eine Wohnzelle, um seine «pilotis» und «cellules» und letztlich sein indirektes Licht besser zu begreifen. Um auf Ihre

The Lesson of Le Corbusier

I'd like to know which of Le Corbusier's buildings you think is the most important, and whether you ever actually met him.

Botta: That's a difficult question because each building can be interpreted in a variety of ways. When I was a student in Venice, I designed a small house that was really a way of understanding Le Corbusier, rather than a tribute to him. Instead of studying him in books, I set myself the exercise of building a dwelling unit to get a clearer idea about *pilotis, cellules* and indirect lighting. To answer your question, I'd say that the church in Ronchamp is perhaps his most fascinating building. Every time I walk up that hill I shiver slightly, which is always a sure sign.

Le Corbusier is *prodigious*: you can love him or hate him, but he is to architecture what Picasso is to painting or Einstein is to physics. He was able to transform any political, social or economic event into architecture. His uniqueness lies not so much in his skill at creating plastic forms, as in his ability to represent the twentieth-century human being by translating social

Frage zu antworten: Vielleicht bleibt die Kirche von Ronchamp das Werk, das die größte Verführungskraft ausübt. Jedesmal, wenn ich den Hügel hinaufgehe, erschaudere ich, und dies ist immer noch der verläßlichste Gradmesser.

Le Corbusier ist ein Monstrum; man kann ihn lieben oder hassen, aber er ist wie Picasso für die Malerei oder Einstein für die Physik. Es ist ihm gelungen, jedes politische, soziale und ökonomische Ereignis in Architektur zu verwandeln. Die Einzigartigkeit Le Corbusiers rührt nicht so sehr von der Plastizität seiner Architektur, als von seiner Fähigkeit, den Menschen des 20. Jahrhunderts zu repräsentieren, indem es ihm gelang, kollektive Erwartungen in architektonische Tatsachen zu übersetzen. Er erfand die Hauptstädte, er entwarf Chandigarh; seine Lösungen waren nie singulär, sondern immer auf ein umfassenderes Modell sozialen Verhaltens bezogen.

Ich erzähle gerne eine kleine Anekdote. Als ich in der Rue de Sèvres war, erzählte mir Andreini, der Geschäftsführer Le Corbusiers, daß dieser eines Tages kurz nach dem Krieg das Fenster öffnete und die Straße voller Demonstranten sah. Auf seine recht barsche Art erkundigte er sich, worum es ging. Andreini erklärte ihm, daß es sich um die ersten Proteste der Arbeiter handelte, und Le Corbusier rief ihm zu: «Ach, endlich gehört die Straße den Fuß-

needs into architecture. He invented capital cities, he designed Chandrigarh; everything he did was never just an individual statement, but a response to a much broader pattern of social behaviour.

There's a small anecdote I like to tell about him. When I was in Rue de Sèvres, Andreini, Le Corbusier's administrator, told me that one day shortly after the war, Le Corbusier opened the window and saw the street crowded with demonstrators. In his usual gruff way, he asked what was happening. When Andreini explained that these were the first workers' strikes, he exclaimed: "Ah, pedestrians back in the streets at last." I find it quite extraordinary how he turned the situation on its head, that he could make a social attitude so meaningful, that he was able to transform a workers' strike into architecture. I worked for Le Corbusier in the studio he set up in Venice, but only with his assistants. He was then in Paris, and had dispatched Jullian De La Fuente and José Oubrerie to Venice to furnish an office for the new hospital. It was his link-man, Giuseppe Mazzariol, who gave me a chance to work on the project. I think what Le Corbusier made me aware of is that today you can transform any human or social need into architecture. When he died, it

gängern». Ich finde diese Umkehrung der Situation außergewöhnlich, diese Interpretation eines Ereignisses, diese Fähigkeit, selbst einen Streik in Architektur zu verwandeln.

Ich arbeitete bei Le Corbusier in dessen Büro in Venedig, aber nur mit seinen Mitarbeitern. Zu dieser Zeit war Le Corbusier in Paris. Er hatte Jullian De La Fuente und José Oubrerie nach Venedig geschickt, um ein Büro für den Entwurf eines neuen Krankenhauses einzurichten. Le Corbusiers Verbindungsmann Giuseppe Mazzariol gab mir die Möglichkeit, mich an diesem Projekt zu beteiligen. Ich glaube, daß Le Corbusier uns das Bewußtsein gelehrt hat, daß sich heute jede menschliche oder soziale Forderung in Architektur verwandeln läßt. Ich erinnere mich noch, daß nach dem Tod Le Corbusiers eine Art Beerdigungszug der Moderne durch das Atelier der Rue de Sèvres defilierte. Es kamen Persönlichkeiten wie Lucio Costa, Oscar Niemeyer, Louis Sert, Sigfried Giedion. Alle fragten, was aus der Architektur werden würde, denn jenen Korridor erfüllte eine derart mächtige historische Erinnerung, vom Beginn des Jahrhunderts bis zum Jahre 1965, daß sich alle darüber im klaren waren, daß sich notwendigerweise etwas verändern mußte. Wenn ich Kritik an Le Corbusier höre, besonders, wenn ihm Fehler angela-

was as if the people visiting Rue de Sèvres had gone there for the funeral of the Modern Movement itself. The major figures Lucio Costa, Oscar Niemeyer, Louis Sert and Sigfried Giedion were there, and they were all asking what would become of architecture. Their collective historical memory, stretching from the beginning of the century to 1965, made everyone realise that, with the death of Le Corbusier, something would have to change. When I hear Le Corbusier criticised, especially for things he was never to blame for – like when people say that suburban tenement blocks are a consequence of his functionalism – I think of all this. I think he should be judged for what he was, in the context of his own time. Every man is a child of his age. No one can be expected to provide permanent, global solutions for all problems.

Rather than Le Corbusier, I regret very much that architecture critics haven't given Louis Kahn the credit he deserves. I'm sure that if he had been properly appreciated for what he really said and achieved, some of the shorter-lived postmodern movements would probably never even have happened. The real problem is that when an architect makes himself awkward because he talks about principles and gets to the roots of problems, he openly refuses

stet werden, die er nicht hatte – wie etwa die Behauptung, daß die Mietskasernen an den Peripherien eine Konsequenz seines Funktionalismus sind –, dann denke ich an all dies. Ich glaube, daß er für das genommen werden sollte, was er war, d.h. daß er im Licht seiner Zeit betrachtet werden sollte. Jeder Mensch ist das Kind seiner Epoche, und wir können nicht globale und unveränderlich gültige Lösungen für alle Probleme von ihm erwarten.

    Ich finde es sehr bedauerlich, daß die Architekturkritik weniger Le Corbusiers, sondern Louis Kahns Verdienste noch nicht gewürdigt hat. Ich bin überzeugt, daß eine gebührende Wertschätzung seiner Äußerungen und seiner Bauwerke besonders von Seiten der amerikanischen Kritik gewisse kurzlebige Postmodernismen wahrscheinlich gar nicht erst hätten aufkommen lassen. Das eigentliche Problem ist, daß ein Architekt, der unbequem ist, weil er von Prinzipien spricht und die Probleme an der Wurzel packt, ganz offensichtlich nicht das Spiel der Moden mitmacht und keine leicht konsumierbare Architektur produziert. Ich bedaure dies, denn auch ich fühle mich ein bißchen mitschuldig, durch mein Schweigen nicht dazu beigetragen zu haben, das Werk eines Architekten zu würdigen, der mit außergewöhnlicher Intuition Bauwerke für den Menschen des 20. Jahrhunderts geschaffen hat.

to play the fashion game and doesn't fit into accepted consumer moulds. I regret this personally because, by remaining silent, I feel I'm guilty of having done nothing to raise awareness of the work of an architect who offered unique insight into the life of our century.

Autobiographische Notiz

Meine Mutter erzählte mir, daß ich am 1. April 1943 geboren wurde und sie große Angst aufgrund der vorzeitigen Geburt hatte. Ich wuchs im Dorf Genestrerio im Kanton Tessin nur wenige Schritte von der Grenze zu Italien auf, in der Landschaft des Mendrisiotto mit dem Profil der Berge im Norden und der Öffnung der Lombardei im Süden.

Nach der Schule, in die ich ohne besonderen Enthusiasmus ging, landete ich im Büro des Architekten Tita Carloni in Lugano (1958), um eine Lehre als Bauzeichner zu beginnen. Von diesem Moment an hatte ich keine Zweifel, daß dieses Metier für mich eine Mission sein konnte. Ich gab die Arbeit auf, um das Liceo Artistico in Mailand (1961–64) und das Istituto Universitario di Architettura in Venedig zu besuchen (1964–69), wo ich neben den Vorzügen der Stadt das Privileg hatte, Carlo Scarpa, Le Corbusier und Louis Kahn zu begegnen.

Danach die Arbeit als Architekt mit den ersten Einfamilienhäusern im Tessin, Beteiligung an Architekturwettbewerben und Projekten in aller Welt (Schulen, Bibliotheken, Theater, Museen, Kirchen).

Autobiographical Note

My mother told me that I was born prematurely on 1 April 1943, and that she was terrified I would never survive. I grew up in the village of Genestrerio near Mendrisio in Canton Ticino, a stone's throw from the Italian border, with the mountains rising to the north and the plain of Lombardy to the south.

After studying without much enthusiasm at school, I went to work in the Tita Carloni practice in Lugano (1958) as an apprentice building designer. From that moment I've never had the slightest doubt that architecture is also a mission. I interrupted my work to attend the Liceo Artistico in Milan (1961-64) and the Architecture School in Venice, where I had the privilege of coming into contact with Carlo Scarpa, Le Corbusier and Louis Kahn, as well as the city itself.

I have worked ever since as an architect. My early detached houses in the Ticino were followed by architecture competitions, and then schools, libraries, theatres, museums and churches around the world.

Heute geht es mir noch so wie am Beginn: Ich übernehme die disparatesten Aufträge, vielleicht, um immer wieder das Gefühl auszukosten, vor einem weißen Blatt Papier auf dem Schreibtisch zu sitzen und die große Freude zu genießen, die mir der Besuch einer Baustelle bereitet. Meine Bauten und Projekte sind in der Edition des «Gesamtwerks» gesammelt, die der Birkhäuser – Verlag für Architektur in Basel herausgibt (die italienische Ausgabe besorgt der Verlag Motta in Mailand). Weitere monographische Titel sind bei Electa (Mailand), bei Umberto Allemandi (Turin), bei Skira (Mailand), bei Zanichelli (Florenz) und bei Fidia (Lugano) erschienen.

In den letzten Jahren habe ich den Rahmenplan einer neuen Schule ausgearbeitet, die mit dem Namen «Accademia di Architettura» im Tessin den Lehrbetrieb der «Università della Svizzera Italiana» im Oktober 1996 aufgenommen hat.

Now, as I take stock of the sheer variety of the work in which I am engaged, my life seems to have come full circle, perhaps because of the thrill I feel when confronted by a blank sheet of paper, and the sublime pleasure I experience when touring a building site.

My projects are collected in *Mario Botta:* The Complete Works, published in German and English by Birkhäuser – Verlag für Architektur in Basel, and in Italian by Motta in Milan. Other monograph studies have been published by Electa (Milan), Umberto Allemandi (Turin), Skira (Milan), Zanichelli (Florence) and Fidia (Lugano).

In recent years I have developed a new architecture school which opened in October 1996 as the Accademia di Architettura, inaugurating the new University of Italian Switzerland in Canton Ticino.